主題検索の現状理解と今後の方向性について

1957年のドーキング会議に参加した分類学者たちが指示したこと

川村 敬一 著
主題文献精読会 編集

樹村房

Understanding of the Present State of Subject Retrieval and Looking for the Future Direction:

Consideration of Some Views Given by Those Classificationists Who Participated in the 1957 Dorking Conference

by
Keiichi Kawamura

edited by
Reading Circle on Indexing Theory

Tokyo
Jusonbo Co. Ltd.
2020

要　　約

1957年5月に英国のドーキングで開催された第1回国際分類法研究会議は，分類理論に躍進をもたらし，ファセット分類法のさらなる研究開発を促した。しかし情報検索の世界で優勢を誇ったのは語の単純な一致と単純な掛け合わせによる事後結合索引法であった。検索の質的低下にくわえ，図書館情報学（LIS）は以下三つの要因によるパラダイム・シフト（前提変化）の問題に直面している。(1) インターネットの普及により知識の全分野の情報源にアクセス可能になる。(2) 利用者自身によるオンライン検索が一般化している。(3) 集中分類サービスにより分類者が以前ほど必要でなくなる。利用者自身による検索を支援するために，ドーキング会議に参加した分類学者のうち，(a) エリック・コーツとジャック・ミルズは完全にファセット化された新しい一般分類法の活用を提唱し，(b) ブライアン・ヴィッカリーは人工知能（AI）の技法を取り入れた検索インターフェイスのソフトウエアの開発を提唱していることを述べた。

Summary

The First International Study Conference on Classification Research held in Dorking, England in May 1957 brought about a breakthrough of classification theory and promoted further research and development of faceted classification. But what has been dominant in the information retrieval world is post-coordinate indexing system based on the principle of simple matching and simple coordination of words or terms. In addition to the decline in quality of retrieval, library and information science (LIS) is now faced with the problem of a paradigm shift caused by the following three factors: (1) the likely increase in general accessibility to information sources embracing all fields of knowledge because of the development of the Internet; (2) the popularization of online retrieval by users themselves; and (3) the need of fewer classifiers than before due to central classification services. Describes that a few of those classificationists who participated in the Dorking Conference pointed two alternative ways of aiding users in retrieval: (a) Eric Coates and Jack Mills suggested making good use of completely faceted new general classifications; and (b) Brian Vickery suggested the development of search interface software incorporating the technique of artificial intelligence (AI).

目　　次

6

表目次

1. 序論

　図書館情報学（library and information science: LIS）という分野に身をおく者にとって，情報検索（information retrieval），特に主題検索（subject retrieval あるいは subject searching）の現状をどのように理解したらよいのか？　また，今後どのような方向をめざして努力したらよいのか？

　これらの問いに答えるのは容易でない。理由は，第1に現在のコンピュータ検索の基本的方法論が確立するまでの経緯を知らなければならないからである。第2にインターネットの普及により知識の全分野の情報源にアクセス可能な状況ができつつあり，第3に利用者自身によるオンライン検索が一般化していることから，従来の視野の広さでは問題をとらえきれないからである。そして第4に整理技術あるいは資料組織化の業務に対する集中あるいは代行サービスの拡大により，図書館では検索のお膳立てをする仕事の量が減り，新たな目標を立てることが困難になってきているからである。要するに，冒頭の問いは身近な問題ではあるが，われわれを取り巻く状況が大きく変化しているため，誰でも手に負えるという性質のものではないと考えるべきである。

　本書は1957年5月に開催された分類法研究の国際会議を起点に，その後の推移について会議に参加した分類学者たち（classificationists）が示した見解を考察することにより，そこから導き出される今後の方向性を見定めようとするものである。

2. 国際分類法研究会議

　国際情報ドキュメンテーション連盟（Fédération Internationale d'Information et de Documentation: FID）は，深刻な財政危機により 2002 年 5 月に消滅したが，その起源は古く消滅から 107 年前の 1895 年までさかのぼる。

　FID の活動は，1962 年以降は 10 前後の研究委員会（Study Committees）がそれぞれの課題に取り組む形で推進してきた [1]。最古の委員会はその起源を 1924 年にさかのぼる FID/CCC（Central Classification Committee：中央分類委員会）である。これは FID の同義語とまで言われた国際十進分類法（Universal Decimal Classification: UDC）の維持・改訂をつかさどる最終決定機関である。現在は UDC Consortium（UDCC）として，FID 本部があったオランダはハーグの同じ場所を拠点に活動を継続している。

　FID には UDC に限定しない分類法および索引法の一般理論に関する委員会（Committee on General Theory of Classification: FID/CA）があった [2]。これは 1951 年に当時の事務総長であるオランダのドンケル＝ドイフィス（Frits Donker Duyvis, 1894-1961）の尽力により設立された。委員会の代表（Rapporteur-Général）には彼の要請を受けたインドのランガナータン（S.R. Ranganathan, 1892-1972）が就いた。FID/CA は 1962 年に FID/CR（Committee on Classification Research：分類法研究委員会）と改名された。以後, ランガナータンは他界するまで FID/CR の名誉委員長（Honorary Chairman）を務めた。

　FID/CR は以下のように合計 6 回の国際分類法研究会議（International Study Conference on Classification Research）を主催している。

　　　1957　ドーキング会議（英国）[3]
　　　1964　エルシノア会議（デンマーク）[4]
　　　1975　ボンベイ会議（インド）[5]
　　　1982　アウグスブルグ会議（西ドイツ）[6]
　　　1991　トロント会議（カナダ）[7]
　　　1997　ロンドン会議（英国）[8][9]

　このうち 1957 年のドーキング会議は FID/CR の設立以前に開催されて

いる。しかし FID が主催し，FID の英国代表である英国専門図書館情報機関協会（Association of Special Libraries and Information Bureaux: Aslib）が組織し，英国分類研究グループ（Classification Research Group: CRG）とロンドン大学図書館文書館学部（University of London School of Librarianship and Archives: ULSLA）が協賛していたことから，1962 年以降は FID/CR の第 1 回国際分類法研究会議と呼ばれるようになった。

　上記 6 回の国際会議は分類学者たちの間では開催地名で呼ばれるのが常である。たとえばエルシノア（デンマーク名ヘルシンゲル：Helsingør）会議と言えば，それは 1964 年の第 2 回国際分類法研究会議を指すのである。現在，FID/CR の活動は 1989 年設立の国際知識組織化学会（International Society for Knowledge Organization: ISKO）が受け継いでいる。

3. ドーキング会議の意義

3.1 参加者

　ロンドンから南へ約 35 キロ下ったサリー州のドーキング郊外の邸宅で開催された第 1 回国際分類法研究会議には，英米独仏蘭伊印の 7 ヶ国およびユネスコから 40 人近くの参加者が集った。組織委員会が厳選した参加者は錚錚たる顔ぶれで，中でも著名なところではランガナータン，その彼が 1920 年代にロンドン大学で分類法を教わったセイヤーズ（William Charles Berwick Sayers, 1881-1960），フランスのコルドニエ（Gérard Cordonnier, 1907-77）とド・グロリエ（Éric de Grolier, 1911-98），米国のシェラ（Jesse Hauk Shera, 1903–82）と彼の推薦を受けた若きガーフィールド（Eugene Eli Garfield, 1925-2017），ユネスコからは英国出身のホルムストロム（John Edwin Holmstrom, 1898-1982）が参加した。

表 1　ドーキング会議に参加した初期 CRG 会員（年齢順）

ペンドルトン（Oswald William Pendleton, 1902-?）
フェアーソーン（Robert Arthur Fairthorne, 1904-2000）
＊ ファラデーン（Jason Edward Lewkowitsch Farradane, 1906-89）
カイル（Barbara Ruth Fuessli Kyle, 1909-66）
＊ パーマー（Bernard Ira Palmer, 1910-79）
キャンベル（Derek John Campbell, 1910-87）
＊ ウェルズ（Arthur James Wells, alias Jack Wells, 1912-93）
ピゴット（Mary Piggott, 1912-2003）
クレヴァードン（Cyril William Cleverdon, 1914-97）
ウィトロー（Magda Whitrow, 1914-2001）
＊ コーツ（Eric James Coates, 1916-2017）
＊ フォスケット（Douglas John Foskett, 1918-2004）
＊ ヴィッカリー（Brian Campbell Vickery, 1918-2009）
＊ ミルズ（Jack Mills, 1918-2010）
ラングリッジ（Derek Wilton Langridge, 1925-2000）
エイチソン（Jean Aitchison, née Binns, 1925- ）

＊は創立会員

　ドーキング会議は CRG が主導した国際会議であった。40 人近くの参加者のうち 21 人が英国からで，そのうち 20 人弱が初期 CRG の会員であった（表 1）。CRG 会員以外の英国からの参加者には上述のセイヤーズや Aslib 会長のウィルソン（Leslie Wilson）などがいた。

3.2　会議録

　表 2 は会議録の目次に著者が補足を行ったうえでそれを一覧表にしたものである。論文の概要はあらかじめ参加者に知らされていて，これにより節約できた時間は討議に回された。討議の充実ぶりには目を見張るものがあり，その内容は CRG 会員が記録した草稿をもとに，会議終了後 2 週間でヴィッカリーが要約した。

　この会議の特徴は各テーマに関して明確な合意を見たことである。最初の重要な合意は，1955 年に公にされた CRG の覚書（memorandum），すなわち「情報検索のすべての方法の基盤としてのファセット分類法の必要性」[10] が会議の基調（keynote）となったことである。CRG はランガナータン発案のファセット分類法を追求しながらも，既存のいかなる分類法にも荷担しないとした。この覚書は現在は CRG 宣言（CRG declaration）と呼ばれている。

　1952 年 2 月に設立された CRG は毎月（8 月を除いて）会合を開き，ランガナータンが 1930 年代に打ち出したファセット分析を中心に討議を重ねてきた [11]。その存在は欧米およびインドの限られた分類学者には知られていた。それでもドーキング会議に参加した海外の研究者，および後に会議録に目を通した人たちは，誰もがそのレベルの高さに驚嘆した。特に課題論文（theme papers）として主題分野のファセット化の手順を論じたミルズ，主題分野間の関係を論じたヴィッカリー，記号法の諸原理を論じたコーツら 3 人の所論は，その後の分類法研究開発の出発点となった。この 3 人にフォスケットをくわえた年格好も同じ 4 人が，互いに切磋琢磨しながら，気鋭かつ多作を貫いてグループの名を高めたことから，後に CRG の四天王と見なされることになる。そして CRG 宣言を基調とした活動方針は 12 条からなる「結論と勧告」として本文を締めくくった [12]。

　会議から 8 ヶ月後，米国のシェラは会議の細部について，会議録の目次に出ていないものも含め，詳細な報告を行った [13]。英国においてはシェラから 13 ヶ月後に会議録の中でも特に重要な論文と討議にしぼった解説が行われている [14]。

表 2　ドーキング会議の会議録の構成

種別	著者	タイトル	頁付
序文		Introduction	p.1
基調論文	Ranganathan, S.R.	Library classification as a discipline	p.3-12
用語解説	Campbell, D.J.	Glossary to Dr. Ranganathan's paper	p.13-14
基調論文	Shera, Jesse H.	Pattern, structure, and conceptualization in classification	p.15-27
課題論文	Mills, J.	Classification of a subject field	p.29-42
〃	Vickery, B.C.	Relations between subject fields: problems of constructing a general classification	p.43-49
〃	Coates, E.J.	Notation in classification	p.51-64
〃	Farradane, J.	Classification and mechanical selection	p.65-69
招待論文	Ball, N.T.	Contributions of classification to science	p.71-79
総括論文	Grolier, E. de	Concluding survey	p.81-85
討議の要約		Summary of the discussions	p.87-109
結論と勧告		Conclusions and recommendations	p.111-113
付録 1：専門分類法	Foskett, D.J.	Occupational safety and health documents classification scheme	p.115-136
付録 2：CRG 覚書	CRG	The need for a faceted classification as the basis of all methods of information retrieval	p.137-147
組織委員会		Organizing committee	p.149
参加者名簿		Participants	p.150-151

3.3　分類法研究の躍進と道しるべ

　ドーキング会議に続く FID/CR の国際会議は，参加者数および発表論文数など，どれも規模においては第 1 回をはるかにしのいでいた。にもかかわらず，ドーキング会議は分類法研究の歴史上，道しるべ（a landmark）として圧倒的な存在感を示してきた。会議から 20 年後，奇しくも第 1 回と第 6 回の中間点において，コーツはその意義を次のように要約している [15]。

　　(1) それまでのランガナータンの功績に比肩しうる包括的な分類理論の躍進を，その後，見ることができないでいる。

(2) その後，ファセット化された専門分類法の開発，従来の一般分類法の部分的ファセット化の試み，分類の原理を取り入れた索引システムの開発が，目立って行われるようになった。

それではランガナータンの功績とは何であったのか？ コーツは以下のように要約する。

(a) 概念としての主題表示の基礎同一性なる思想を打ち立てた。

(b) ファセットの概念を駆使して分類統語論のほとんどすべての問題を解明した。

主題表示の基礎同一性（the basic unity of subject indication）とはランガナータンの用語ではなく，コーツが彼の中に見てとった思想である。意味するところは，あらゆる種類の主題組織法は基礎となる概念レベルにおいて同一であるという思想である。換言すれば，アルファベット順索引は厳密性を増すにつれて分類と相関関係を持たねばならない，あるいは持たざるを得ないという思想である。この思想を土台に，ファセットの概念を駆使して分類統語論（classification syntactics）に属する問題を，ことごとく解明してきたというのである。

一方，分類意味論（classification semantics）に関して，コーツはランガナータンも伝統主義者にとどまったとする。したがって，コーツの見立てが正しいとすれば，主題組織法（欧米では現在は知識の組織化 "knowledge organization" と呼ぶ）において，ランガナータンの功績あるいはドーキング会議の成果に比肩しうる躍進は，分類意味論においてであるということになる。

14

4. ファセット分類法の研究開発

4.1 専門分類法

　1950年代のCRGは主に専門分類法の開発と記号法の研究に力を注いでいた。専門分類法の開発はその後も続くが，1960年にヴィッカリーがAslibから作成マニュアルを出版して，一応の区切りをつけている [16]。

　ファセット化された専門分類法は会員がそれぞれの持ち場において開発したもので，その数は30前後にのぼり，発表形態もまちまちである [17]。ドーキング会議では社会科学を得意分野とするフォスケットが労働安全衛生の専門分類法を披露した（表2の付録1を参照）。しかし，代表格は1950年創刊の英国全国書誌（British National Bibliography: BNB）の姉妹誌として，1957年に創刊された英国音楽目録（British Catalogue of Music: BCM）のために開発された英国音楽目録分類法（British Catalogue of Music Classification: BCMC）である。これはBNBの主題目録部門長（Chief Subject Cataloguer）であったコーツが，音楽の専門家たちとの協議をへて完成させた。音楽は多彩なファセットを必要とする。コーツは10のファセットを突き止めた。BCMCは1960年にBNBから公刊されるが，それは英国で単行本として出版された最初のファセット分類法である [18]。以後，デューイ十進分類法（Dewey Decimal Classification: DDC）の音楽類（クラス780）をはじめ，多くの音楽分類法のモデルとなってきた。

4.2 記号法

　記号法に関して新機軸を打ち出したのが米国のブリス（Henry Evelyn Bliss, 1870-1955）である。彼はまず概念の体系が主人（master）で，記号は従者（servant）であることを強調した。これはアラビア数字による十進記号法が優れていると妄信する人たちに対する痛烈な批判であった。

　CRG会員による専門分類法の開発は記号法の研究を促進した。開発にともない会員が様々な記号法を試したからである。その結果，記号法に関する研究も1950年代にCRGは完了していた。結論としては，唯一絶対

の記号法は存在しないのであるが，それだけに諸原理を知っておかなければならないのである。基本的な評価基準は，記号の種類に関わる単純性（simplicity），長さに関わる簡潔性（brevity），新規概念の追加の難易に関わる受容力（hospitality）の三つである。ところが，これらが同時に成り立たないところに難しさがある。

　コーツのBCMCは記号法においても革新をなした。それはファセット分類法における遡及効果型記号法（retroactive notation）と呼ばれている。コーツはブリスと同じくアラビア数字よりも基数（base）が多いローマ字を採用した。次にA〜BZを音楽文献（理論書や伝記）に，C〜Zを楽譜に割り当てた。こうしてたとえば，"KGHE/MDe"という分類記号はまず楽譜であることを表わすが，その意味は"テノール独唱のための管弦楽をともなう声楽曲"である。これは分類表に列挙された4種類のファセット（De（声楽曲）：E/M（管弦楽つき）：GH（テノール）：K（独唱））を逆の順序で合成した結果である。こうしてBCMCは記号の複雑化に拍車をかけるファセット指示子（facet indicators）に頼ることなく，複合主題の合成箇所を知らせることができた。つまりアルファベットの順序が逆転するところでファセットの合成が行われているのである。

　ファセットの合成順序（combination order）あるいは引用順序（citation order）に対して配列順序（filing order）を逆にするのは，複合主題を一般から特殊へ（general to specific）と並べるためである。これはランガナータンが提唱した原理であるが，ミルズがドーキング会議の課題論文で定式化に成功し，BCMCに限らず現在はファセット分類法における倒置の原理（the principle of inversion）として確立している [19]。もし両方の順序を同じにすれば論理的に次のような不都合が生じる。

　　独唱
　　独唱／テノール
　　テノール

　正解は次のようになるべきである。

　　テノール
　　独唱
　　独唱／テノール

　コーツはドーキング会議の課題論文で記号における階層構造の表現性と受容力が反比例することを論証した。つまり分類記号が階層構造を忠実に表現（あるいは反映）しようとすれば，逆に受容力が損なわれるという原理を明らかにした。その典型例が十進記号法で，新規概念の追加に際して，しばしば周辺にある記号の総入れ替えを余儀なくされる。BCMC は階層非表現型記号法（hierarchically non-expressive notation），あるいは単に主題の配列順序を定めるだけの序数型記号法（ordinal notation）の部類にはいる。こうして BCMC は上述三つの評価基準を一度に満たすという画期的な記号法を実現して見せた。

4.3　一般分類法

4.3.1　幻の NATO 分類法

　ドーキング会議の合意事項のうち CRG 宣言を基調にした最重要課題は新しい一般分類法の開発であった。それはまた CRG が考え得る具体的かつ究極の課題でもあった。さらに言えば，英国で開発された唯一の一般分類法であるブラウン（James Duff Brown, 1862-1914）の件名分類法（Subject Classification: SC, 1906）以来の企画となる。しかし，CRG は二つの理由からすぐに着手できなかった。第 1 は，体系の全体を見渡す世界観あるいは知識の全分野の根底に横たわる原理の究明が必要であった。専門分類表を集めて調整を図っても，相互に重複する周辺分野の問題などがあり，一般分類法には至らないのである。第 2 は開発資金である。世の中が複雑になるにつれて，ブリスが予見したように一人の人間の手になる一般分類法（one-man classification）は，たとえ有能な助手を揃えても不可能になってきた。一般分類法の開発は労働集約型の仕事（labour-intensive work）と理解されるようになっていた。

　第 1 の問題に関しては，1959 年にフォスケットが統合レベルの理論（the theory of integrative levels）を CRG に持ち込み，解決の糸口を見つけることができた [20]。CRG はこの理論を科学哲学から学んだが，存在論哲学や熱力学の第二法則など，他の分野においても確認できている（4.3.4 項を参照）。そして第 2 の問題は，北大西洋条約機構（North Atlantic Treaty Organization:

NATO）から資金供与を受けることができて道が開けた。第二次世界大戦後の東西冷戦のさなか，1960 年に NATO の科学諮問委員会（Scientific Advisory Committee）が *Increasing the Effectiveness of Western Science* と題する報告書を著わして，西側世界の科学技術の優位性を保持すべく文献情報の重要性と新しい分類法の必要性に言及した。これを知った CRG は英国図書館協会（Library Association: LA）に自らの課題を説明して仲介を依頼した。LA は NATO に CRG の意向を伝えた。CRG と LA，LA と NATO の交渉はフォスケットが担当した。その結果，当時の額で 5,000 ポンド（14,000 ドル）の開発資金が供与されることになった。

　NATO の資金供与による最初の活動は，1963 年 6 月に LA がロンドンで開催した小規模な国際会議，すなわちロンドン会議であった [21]。フォスケットによる経過報告をかねた基調講演に続いて，CRG のフェアーソーン，カイル，ミルズ，コーツが論文を発表し，最後に会議の声明文が出された。このあと二人の CRG 会員が専任で新しい一般分類法の研究開発に取り組んだ。声明文の最後は，開発プロジェクトは BNB のような有力機関と提携しながら遂行するのがよいと結んでいた。こうして CRG の新しい一般分類法研究開発活動は，BNB/MARC プロジェクトと合体することになった。ところが，途中から声明文の意向から逸れる事態が起きた。専任研究者の一人であるオースチン（Derek William Austin, 1921-2001）が，分類とコンピュータの折り合いが悪いという理由で，機械可読の非拘束型ファセット分類法（a freely-faceted classification）という考えを打ち出した [22]。プロジェクトは資金が尽きる 1968 年まで続いた。しかし，新しい一般分類法は出てこなかった。代わりに差し出されたのが，かの有名な PRECIS（PREserved Context Index System）という索引システムであった。

　PRECIS は 1971 年に BNB に採用され，これを皮切りに 1980 年代にかけて英語圏を中心に主題索引および件名目録の世界を席巻した。事前結合方式の標目は統語規則（文法）をもち，派生する複数記入の標目もすべて自然語の語順を崩さずに同じ意味を表わすというので，人々はこれこそ人類が待ち望んでいた索引システムだと歓迎した。1974 年にマニュアルが出版されるや世界的なベストセラーとなった [23]。けれどもヴィッカリー

[24]，ラングリッジ [25]，コーツ [26] といった初期 CRG 会員たちの評価は
悪かった。特に BNB に創刊から 10 年余り在籍してその基礎をつくった
コーツは，大衆迎合的な見た目の洗練性に隠れた残余の気まぐれ（residual
quirks）と時おりのまやかし（occasional subterfuges）を見逃してはならない
として，12 頁におよぶ書評をしたためて PRECIS の問題点を容赦なく暴
いた。BNB は DDC による分類部門とそれから派生する連鎖索引法（元は
ランガナータンが考案）による件名索引部門で構成されていた。両部門の
相関性は明白で，BNB は分類目録の鑑と崇められてきた。それが "DDC
＋ PRECIS" という木に竹を接いだような構成になり，どちらが主である
のかも分からなくなった。PRECIS を好む利用者にとって，DDC は書誌デー
タを知るためのアドレス・コードに成り下がってしまった。BNB は包括
的かつ体系的検索を閉ざしてしまった。案の定，1980 年代半ばから人々
の心は PRECIS から離れていった。1990 年代にはいると作成コストの問
題が浮き彫りになり，PRECIS を採用していた大方の図書館は，これを米
国議会図書館件名標目表（Library of Congress Subject Headings: LCSH）に切り
替えてしまった。

4.3.2　ブリス分類法の復活

　NATO の資金供与による研究開発の雲行きが怪しくなった 1967 年，ミ
ルズはブリスの分類法（Bibliographic Classification: BC, 1940-53, 全 4 巻）の全
面改訂をめざし，英国にブリス分類法協会（Bliss Classification Association:
BCA）を設立した。改訂作業は 1969 年に開始され，1977 年の第 1 巻
（序説と補助表）を皮切りに，ブリス分類法の第 2 版（Bliss Bibliographic
Classification, 2nd edition: BC2）の刊行が開始された [27]。

　BC2 は各分野の語彙数が UDC と同じかそれ以上の規模となる大型の一
般分類法である。全 23 巻を予定し，進歩のはやい科学技術の巻を最後に
仕上げるという構想である。しかし規模の大きさに比べて資金が乏しく，
刊行開始から 42 年を経た 2019 年末現在でようやく 15 巻が出揃った。し
かも 2010 年にはミルズが 91 歳で他界しており，残り 8 巻の完成にはさら
なる年数を要する。現在は残りの巻の草稿を BCA のホームページで無料

公開しながら，長らくミルズの助手を務めたあとロンドン大学に移籍したブロートン（Vanda Broughton, 1948- ）を中心に作業を進めている。それでもこの大事業に寄せる期待は大きく，たとえば BC2 は刊行途中であるにもかかわらず，UDC および DDC において進行している構造改革（restructure）の基盤となっている [28]。

　ブリスの BC が出現したとき，一部の研究者から史上最も優れた一般分類法であるとの評判が立った。だが一方では，世に出るのが遅すぎたと残念がる人もいた。このような経緯もあってか，BC は生れ故郷の米国では顧みられることなく，むしろ英国の大学図書館や学校図書館で生きながらえてきたのである。

　ミルズは 1950 年に LA の最上級司書資格（Fellowship of the Library Association: FLA）を取得するが，提出論文はブリスの BC とランガナータンの CC（Colon Classification：コロン分類法）の比較であった。当時，BC は刊行途中であり，しかもミルズは区分原理の不徹底に気づいていた。それでも主類（main classes）の順序や優れた記号法に大いなる可能性を見出し，システムとしては BC に軍配をあげた。FLA 論文が LA の機関誌に掲載されるのは異例のことである [29]。これが契機となり，ミルズは 1952 年に北西ロンドン工芸大学（North-Western Polytechnic, London: NWPL）に図書館学科の助教（Assistant Lecturer）として招聘された。以後，ミルズは教鞭をとりながら CRG における討議を中心に分類法研究を進め，BC の抜本的改訂（語彙の更新を伴う内部構造の完全ファセット化）の機会を窺っていた。BC の改訂作業が始まる前年の 1968 年，すなわちミルズが 50 歳のとき，所属大学では学部の改組があり，彼に教授兼学科長就任の打診があった。ミルズはこれを断り，講師（Lecturer）の身分を選んだ。ミルズは BC の復活に生涯を捧げた。1985 年に 67 歳で同大学を定年退職となるが，そのときの身分は准教授（Reader）であった [30]。

4.3.3　UNISIST の変換言語

　1960 年代末に BNB/MARC プロジェクトが始動したとき，国際社会ではコンピュータの普及によるネットワーク情報社会の到来を予見し，主題

情報を交換・共有する構想が持ち上がった。これがユネスコの国連科学技術情報システム（United Nations Information System in Science and Technology: UNISIST）構想である。そのための手段である変換言語の開発がユネスコとFIDの共同企画として，1973年1月にFIDを舞台に始動した。変換言語はFID/SRC（Subject-field Reference Code）と呼ばれ，そのための作業部会の委員はFID/CCCから4人，FID/CRから4人，外部から2人の，合計10人の分類学者で構成された。外部の2人とは1989年にISKOを設立する西ドイツのダールベルグ（Ingetraut Dahlberg, 1927-2017）とCRGのコーツであった。

　FID/SRCの作業部会は1974年9月にFID/BSO（Broad System of Ordering）Panelと改名された。これは変換言語の守備範囲が科学技術から知識の全分野に拡大した結果である。BSOの "Broad" は掛詞である。上述SRCが上位レベルの浅い索引法（shallow indexing）を示唆していたように，UNISISTは当初から詳細でない大まかな配列システム（coarse ordering system），すなわち分類表を思い描いていた。これに知識の全分野という条件が加味されたのである。

　BSOは二つの顔をもつ。一つはUNISIST構想に基づく変換言語であり，それは異なる索引語や検索語を使用する情報システムやサービスを連結する。ただし，個々の文献主題ではなく情報のブロック（blocks of information）を変換する。いま一つは詳細ではないが新しい一般分類法である。したがって，日本語では広範配列体系とか簡略一般分類法と訳されている。中国では概略分類体系という漢字があてられている。

　BSOは1978年に約4,000語からなる一般分類法としてユネスコとFIDから同時出版された [31]。翌1979年にはマニュアルがFIDから出版されている [32]。これらの出版物の著者はコーツを筆頭にした3人の委員である。コーツはFID/SRC作業部会に約6ヶ月遅れで最後に加入したが，BSOが完成する前年の1977年9月にFID/BSO Panelの第2代委員長に任命された。最後に加入した外部委員が国際舞台で主導権をにぎることができたのは，他の委員が手探りで課題に取り組んでいたのに対し，コーツは10年前に新しい一般分類法の構想を練り上げ，個別の案件に関しては

CRGで討議を重ねてきたからである。彼は 1963 年 6 月のロンドン会議（4.3.1 項の中段を参照）において，トリの論文で新しい一般分類法の概要を述べていた [33]。コーツがこの大役を任されたのは，彼が BNB で創刊から 10 年余り，全分野の図書主題を手がけてきたからである。彼はまた 1960 年に主題目録に関する著書 [34] を LA から出版し，本書で展開された件名目録理論を実行に移すべく，1962 年創刊の英国技術索引（British Technology Index: BTI）の初代編集長を引き受けた。そして 15 年後に FID/BSO Panel の委員長に任命された。彼は CRG を代表する現場一筋の実践的理論家である [35]。

　1980 年代にはいるやコーツは BSO Switching Test（1981）および BSO Referral Test（1982-83）という実験評価を行った。これらの実験結果をもとに BSO の改訂作業を進めた。しかし，ユネスコも FID も財政難に苦しみ，1990 年に BSO は FID から切り離された。コーツは改訂版の刊行を急ぎ，1991 年に約 6,800 語からなる機械可読版をフロッピー・ディスクで頒布した。そして 1993 年には BSO を英国に移し，BSO Panel Ltd として法人化した。改訂版 BSO はホームページ上で無料公開され，2000 年には CRG の拠点であるロンドン大学の管理下に置かれて現在に至っている [36]。BSO が CRG の新しい一般分類法研究開発活動の流れを汲むものでないかと考えるのは，自然の成り行きである [37]。

4.3.4　BC2 と BSO

　BC2 と BSO は完全にファセット化された新しい一般分類法である。ともに戦後の分類法研究における理論的成果のほとんどを具現している [38] [39]。両者は多くの共通点をもっているが，開発目的が異なるので相違点もある。

　最大の相違点は規模（語彙数）の大小である。BC2 は全 23 巻を予定する詳細な体系で，語彙の収録基準は従来からの文献根拠（literary warrant）である。BSO は簡略な体系で，最初の約 4,000 語の収録基準は学協会根拠（institutional warrant）である。聞き慣れない用語であるが，具体的にはある主題に関して，①専門情報を定期的に発信したり，あるいはそのような活

動を支援する組織，②抄録・索引などの 2 次情報サービス，③文献情報の
コレクションやデータバンクなど，いわゆる組織化された情報源（organised
information source）の存在が確認されたものに対して，個別の BSO コード
が与えられ，これが分類表の土台となる。改訂版の約 6,800 語は実験評
価を踏まえた語彙の補強に基づくので，その手続は実験根拠（test warrant）
と呼ばれている。

　BC の枠組みで改訂される BC2 の記号は同じくローマ字であるが，BSO
は国際性に配慮するという条件からアラビア数字を採用している。BC2
は BCMC と同じく遡及効果型であるが，アラビア数字は遡及効果型に適
さないので，BSO は百進記号法（3 桁，2 桁，2 桁……）を適用している。
両者とも受容力を重視した階層非表現型記号法である。BC2 は BC にな
らい，いくつかの主類の置き場ならびに分野内のファセットの順序に別
法（alternatives）を用意している。これが列挙型分類法の中で無理なく作
り付けられていたところにブリスのすごさがある。一方，変換言語である
BSO は統一性を重視して別法を除外している。

　ブリスが BC（1940-53）の刊行に先立ち 30 年の歳月をかけて追究したの
が分野間の関係である。彼が注目したのがフランスの哲学者コント（Auguste
Comte, 1798-1857）であった。コントは学問分野の並びを，数学 — 天文学
— 物理学 — 化学 — 生物学 — 社会学の六つとした。これをヒントにブリ
スの研究が行き着いたのが，①科学的教育的コンセンサス（scientific and
educational consensus），②並置（collocation），③従属（subordination）という
三つの原理であった。①のコンセンサスは主類の順序が学術的にも世俗的
にも大方の同意が得られることである。②の並置は関連の深いもの同士が
隣接することである。③の従属は隣接し合うもの同士の間に依存関係が認
められることである。簡単な例として，物理学 — 化学 — 生物学の並びが
ある。そこでは前の分野は後の分野の問題に対する観点や方法論となり得
る。つまり後の分野は前の分野に依存している。しかも後の分野は前の分
野の要素を取り込んで新たな性質を備えている。逆の方向性はほとんど認
められないというのである。この原理をブリスは特殊性の漸増（gradation
by specialties）と名付けた。1959 年に CRG に持ち込まれた統合レベルの理

論は，この世の事物の依存関係に注目した世界観である。その並びは，素
粒子 ― 原子 ― 分子 ― 分子化合物 …… と連なり，最後は人間社会に行き
着く。この並びを形成する原動力が創発的統合(emergent integration)である。
すなわち単純な事物が統合により複雑なレベルのものになり新しい性質を
備える。ブリスのコンセンサスと統合レベルの理論の親近性を指摘して，
CRG の新しい一般分類類法の概略は BC に似たものになると予測したの
が，1963 年のロンドン会議におけるコーツ論文であった（4.3.3 項の中段を
参照）。こうして BC/BC2 と BSO の主類は，まず哲学，論理学，数学，統
計学など，後に続くほとんどの分野に応用可能な方法論的学問分野を先鋒
に置き，次いでブリスの特殊性の漸増および統合レベルの理論に基づいて
自然科学の中の物理科学（物理学，化学，天文学 ……）から始まり，生
命科学をへて，生命科学の応用，行動科学，人文・社会科学に至る。そし
て最後に技術，言語・文学，芸術，宗教の分野が続く。最後の諸分野は人
間の創作物を具象的なものから抽象的なものへと並べた結果である [40]。

　BC2 と BSO は学問分野の前に事象のクラス（phenomena class）を設けて，
同一主題の学際的研究あるいは多面的取り扱いの文献を一括できるように
している。これはブラウンが SC（4.3.1 項の冒頭を参照）において提起した
問題を，学問分野を基礎とする一般分類法において手際よく対処し得た新
しい試みである。

　BC2 と BSO は協力関係にあった。ミルズは BC2 の改訂において常に
完成品である BSO の全体像を参考にしてきた。BSO は機械可読版の作成
において BC2 のプログラムを供与された。1990 年代にはいると CRG の
会合は主に BC2 の改訂を議題としていたが，進歩が著しく難関の科学技
術分野に関しては，BTI 編集長を務めたコーツに負うところが大きかった
[41]。その見返りは約束されていて，BSO の利用者は構造が似ている BC2
の語彙を，ほとんどそのまま活用できるという寸法である。

　BC2 と BSO のファセット合成は機械的な倒置の原理（4.2 節を参照）に
したがう。これは各分野を通じてファセット・カテゴリーの配列が一定の
反復的パターン（a constant repetitive pattern）を踏んでいるからである。そ
のことによる構造上の同形性（structural isomorphism）はシステムに予測機

能（predictability）を与える。その結果，新規概念の置き場は記号の助記法
を活用できれば，改訂版を待たずして利用者の側もかなりの確率で言い当
てることができる。FID/CCC をはじめ，従来の一般分類法の維持管理組
織を悩ませてきた管理上の超民主主義（hyper democracy）のジレンマから，
ようやく解放されることになった。現場経験に裏打ちされたコーツなら
ではの次の逆説的な言葉が象徴的である。" 私は革命に賛同する。ただし
分類の革命ではなく，分類管理の革命である "（I am in favour of a revolution,
not of classifications, but of the management of classifications）[42]。

5. ロンドン会議の記念誌と会議録

5.1 記念誌と会議録の概要

　FID/CR の国際分類法研究会議のうち，最後となった第 6 回（1997 年）のロンドン会議に関しては，会議に先立ち記念誌が刊行された [43]。これはドーキング会議から数えて 40 年の節目にあたり，しかも開催地が再び英国に戻ってきたことから，FID/CR とロンドン大学が立ち上げた組織委員会が，ドーキング再訪（Dorking revisited）の標語のもとに企画した記念事業の一つであった。

　記念誌の編者であるギルクリスト（Alan Gilchrist, 1932- ）は，序文でこの会議はドーキング会議の記憶を呼び戻すと同時に将来への思いを馳せるものであると述べている。続けて彼は，われわれは情報処理という領域の全般において，パラダイム・シフト（paradigm shift：前提変化）を経験しつつあるようだとも述べている [44]。

　記念誌の第 1 章は「ドーキングの遺産：代表者たちの寄稿文」（The Dorking legacy: contributions of delegates）という見出しのもと，9 編の回想と

表 3　ロンドン会議の記念誌における第 1 章の構成（回想 9 編と再録論文 2 編）

著者	タイトル	頁付
Fairthorne, R.A.	Letter from R.A. Fairthorne	p.v
Cleverdon, Cyril	The time of Dorking	p.vi
Aitchison, Jean	Recollection of the Dorking Conference - May 1957	p.vii
Coates, E.J.	1957-1997 *plus ça change...* What has happened to classification since the Dorking Conference?	p.viii
Foskett, D.J.	"Dorking revisited"	p.ix
Langridge, D.W.	A new dawn?	p.x
Mills, Jack	Comments on Dorking and after	p.xi
Vickery, Brian	Looking back...	p.xii
Whitrow, Magda	Dorking revisited	p.xiii
CRG	The need for a faceted classification as the basis of all methods of information retrieval [1955&1957]	p.1-9
Coates, E.J.	Classification in information retrieval: the twenty years following Dorking [1978]	p.11-20

2編の再録論文からなる（表3）。回想はドーキング会議に参加した初期CRG会員のうち，存命する10人のうちのピゴットを除く9人が，各一頁以内に思いを綴ったものである。再録論文はCRG宣言および中間点で書かれたコーツの展望論文である。

　記念誌の残りの部分（第2章〜4章，p.23-185）は，過去40年間に刊行された情報検索に関する雑誌論文のうち，自動索引法をはじめ新たな潮流や関心の移行を示すとされる13編を選んで再録したものである。13編の論文内容はインドのサティジャ（Mohinder Partap Satija, 1949- ）の解説で知ることができる [45]。

　会議録の構成は簡単である。組織委員長を務めたロンドン大学教授でCRG幹事（Secretary）のマキルワイン（Ia Cecilia McIlwaine, 1935-2019）の序文で始まり，本文はミルズの基調論文 [46]，コーツの論文 [47] をはじめとする32編の発表論文，ヴィッカリーの総括論文 [48] からなる。ドーキング会議の参加者のうち論文を発表したのは上の3人だけである。ただし，ミルズとヴィッカリーの論文はマキルワインの提案と要請によるものと考えてよい。

　それにしても1957年のドーキング会議で課題論文に取り組んだ気鋭の3人が，40年後の国際会議で再び重要な役割を担うとは，彼らの力量の程が分かるというものである。実際，記念誌の回想における3人の見解ならびに会議録における3人の論文は，本書のテーマに深く関わるのである。会議録に収載された全34編の論文内容は，組織委員会の一人で当時FID/CRの幹事であったカナダ・トロント大学のウィリアムソン（Nancy Joyce Williamson, 1928- ）が要約している [49]。

5.2　記念誌に収載の回想と現状理解

　記念誌の第1章における9編の回想は，その性質上二つのグループに分けることができる。一つは主にドーキング会議の思い出を綴ったもので，いま一つはさらに踏み込んでその後の推移について見解を述べたものである。2番目のグループにはミルズ，コーツ，ラングリッジ，クレヴァードン，ヴィッカリーの5編がはいる。ただし最後のヴィッカリーは先立つ4

人とは異なる見解を述べているので後の章におくる（7.1 節を参照）。以下，
2 番目のグループの最初の 4 人の見解を要約する。

5.2.1　ミルズの見解

　ミルズは分類の重要性を認識させたドーキング会議の意義を再確認する
一方で，機械化につながる広い意味での索引法にも変化があったとする。
彼はあらゆる種類の索引法の本質は，長らく図書館員によって以下二つの
操作であると認識されてきたとする。

　(1) 探し出すこと（locating）。
　(2) 関連づけること（relating）。

　ミルズは (1) は何処から探し始めて，(2) はそれ以外に何処を探すべき
かという操作であるという。なぜ二つの操作が必要であるのか？　彼は一
般論として最初の操作が不十分であるからだという。これは検索の実際を
熟知した鋭い洞察である。通常，利用者は自分が明確な質問をもって検索
を開始したとしても，最初の検索結果を見ると大方は修正が必要であるこ
とに気づく。ましてや質問が不明確なときはなおさらのことである。

　ところが，二つの操作のうち (1) が圧倒的に優勢になり，(2) はないが
しろにされてきたと言う。なぜ (2) がないがしろにされたのか？　原因は
検索システムを開発・維持する側のコスト意識にある。(2) の操作，つま
り関連づけることの準備にはミルズによると知識構造の研究が必要にな
り，手間がかかりコスト高になる。(1) の操作に徹することがコスト削減
につながる。その結果，1970 年代末までに確立した検索の基本的方法論は，
単純な一致（simple matching）と単純な掛け合わせ（simple coordination）であっ
た。

5.2.2　コーツの見解

　コーツは 1960 年の著書で，初期 BNB における実務経験に基づき，ま
た PRECIS 批判（4.3.1 項の後段を参照）の根拠にもなったところの，決し
て譲れない命題を掲げていた [50]。彼はあらゆる種類の主題目録は以下二
つの目的を果たさなければならないとした。

(1) 質問者を探し求める特定の主題に導く。

(2) 関連する主題をくまなく知らせる。

　ドーキング会議が開催された当時，主題検索におけるコンピュータの応用はいまだ机上の話題にすぎなかった。それでもランガナータンは会議の基調論文（表2を参照）で，コンピュータのコスト面について以下のように言及したとコーツは言う。

　　"機械はものすごいスピードで仕事をこなす。しかし，はるかにコストがかかる。採算がとれるための最小限の分岐点は，とてつもない量を必要とする"（Machinery can do the work at great speed; but it is more costly, and it requires a vast quantity of minimum turn-out to become economical）。

　もしかしたら，当時，ランガナータンはどのシステムも，その処理量は機械化された場合は採算ラインに到達しないのではないかと危惧していたのかも知れない。しかしコーツは，ドーキング会議から40年の間に，コンピュータの応用とそれに伴うコストの問題は劇的に逆転したとする。原因はミルズが指摘したように，(2)の操作をないがしろにしたからである。その後，情報技術（IT）の発達によりコンピュータの量的処理能力は飛躍的に増大した。しかし，それは利用者側が(2)への道を閉ざされるという高い代償と引き替えに，実現できた飛躍なのである。

5.2.3　ラングリッジの見解

　ラングリッジは，ドーキング会議は分類の将来に希望をいだかせるものであったが，フランス革命とは逆に，幻滅はゆっくりやってきたとする。具体的には1960年代末までに，会議録の最後を締めくくったCRG宣言の考えは，コンピュータの誤った応用のおかげで完全に消し去られたとする。また，分類に関する出版物も尻すぼみになってしまい，主題検索を効率の面から追求する機関は，その資金を分類の改善よりも目録の機械化に投入してきたとする。この指摘を裏付けるような分類のコスト面を批判的に論じた報告がある [51]。

　彼は英国における過去25年の歩み（逆算すると1971-96）は常軌の逸脱（aberration）であったと断言する。この時代を駆け抜けたPRECISについて

はすでに述べた（4.3.1 項の後段を参照）。さらに 1973 年に設立された英国図書館（British Library: BL）は，1983 年に新館に移転したのであるが，新しい一般分類法の研究開発を推進するかわりに，百年前のシステム（DDC を指す）でお茶を濁した。CIP（Cataloguing in Publication）も発想は良いが運用を誤った。少数の優れた人材が信頼のおける主題分析を行い，これを共有するのが本来の姿であるとする。そして新しい一般分類法の研究開発という重要課題は，資金の乏しいブリス分類法協会（4.3.2 項を参照）に押し付けられたとする。

5.2.4 クレヴァードンの見解

クレヴァードンは CRG の長老格の一人である（表 1 を参照）。彼はかの有名な Aslib クランフィールド・プロジェクトを指揮した [52]。それは旧来システム（件名目録と UDC）と新興システム（ユニターム・システムとファセット分類法）の検索効率の比較であった。航空工学という狭い分野の文献を，人為的な質問主題をもとに詳細検索を行った実験結果に，顕著な差が認められなかったのは当然のことである。

ドーキング会議が開催された当時，情報検索におけるコンピュータの応用はいまだ机上の話題にすぎなかった。したがって，コンピュータを使用しての複雑な統計的処理によるフルテキストの分析など予想もつかなかった。しかし，この線に沿ったここ 30 年間の歩み（逆算すると 1966-96）を見ても，自分が尺度にした再現率と精度率で測定した場合の効果は薄かった。たぶん，分類の論理と現代のコンピュータの威力を合体させたものが，道を開くのではないかと述べている。

6. 検索の質的低下と分類の衰退

6.1 日本の識者の警鐘

　1997 年のロンドン会議から 23 年が過ぎた。主題検索の現状に対する前節のミルズとコーツの見解が現在も妥当であることは，時空を隔てた日本の識者の警鐘からも見て取ることができる。

　関西出身の劇作家で，教育に関心をもち，また広く評論活動を行う山崎正和（1934- ）は，2016 年 9 月の全国紙においてビブリオバトル（別名：知的書評合戦）の効用を説く一方で，"現代の電子情報が個人自身の検索した知識しか与えず，結果として個人の興味の範囲を狭くしている" と述べている [53]。

　関東の山﨑久道（1946- ）は経済専門家として民間大手のシンクタンクで情報分析の仕事に携わったあと，図書館情報学の世界にも足を踏み入れた。彼は2017 年発行の整理技術情報管理等研究集会論文集で，"今の社会は，情報の生産量は爆発的に増えるのに，その消費量は遅々として伸びず，Google による検索が大衆化しても，むしろ検索行為そのものの質は低下している" と述べている。そして "図書館が …… 培ってきた技能や知識，そしてノウハウは，情報化社会の …… 矛盾を，解決するために活用できる余地がある" と期待を寄せている [54]。

　2001 年ノーベル化学賞の受賞者で，2006 年に国の教育再生会議の座長を務めた野依良治（1938- ）は，2019 年 1 月の教育専門紙において高等教育の現状について，"問題の全体像をつかみ，自ら考えて，答えを得るというプロセスがなければ，知力を培うことは絶対にできません。…… ウェブ検索はとても便利なので使いこなすべきなのですが，極めて断片的な情報しか得られず，それだけでは全体が見えない。自然がどうなっているか，あるいはこの分野はどういう構成でできているかなどは，分からない" と警鐘を鳴らしている [55]。

　指摘されたような問題についてミルズはロンドン会議の基調論文で踏み込んだ考察を行っている [56]。彼は現在のコンピュータ検索は微細情報

（micro- or atomized-information）に偏っていて，それが適するのは時刻表や株価や商品販売価格など，大方は短命なデータに限られるとしている。一方，図書をはじめとする文献の発行部数も決して少なくはないのに，それらの内容の要約情報はないがしろにされているとする。

6.2 30年法則と米国の事情

　1957年のドーキング会議のあと米国のシェラは詳細な報告書を記した（3.2節の末尾を参照）。その中で彼は"大西洋のこちら側"（on this side of the Atlantic）では分類法研究が低調であると述べている。それはBCに対する無関心にもつながる米国の大勢であったし，FID/CRの国際分類法研究会議が，ついに米国で開催されることがなかったという事実（2章を参照）からも伺い知ることができる。

　20世紀初頭，米国では主題検索の役割は件名目録に託し，分類目録にはその役割をほとんど期待しなくなっていた。その結果，分類は図書を書架上に並べること以外に，何の役割もないものと見なされるようになった。そして1950年代には件名目録に代わる新方式としてユニターム・システムという事後結合索引法が考案された（5.2.4項を参照）。件名とユニタームの間には，語彙統制や統語規則（文法）の有無をはじめ，システム側の負担軽減につながる要因から，見かけ以上の違いがある。コスト削減の観点から事後結合索引法が急速に普及し，これが1960年代に続々と機械化された。そして最後に行き着いたのがフルテキスト索引とかフリーテキスト索引と呼ばれるところの，実際は索引作業を行わない検索システムであった。

　ユニタームにはこれを先導するシステムがあった。1920年代の米国で始まったパンチカードやピーカブーで，これらはCRG宣言およびドーキング会議においては機械選別法（mechanical selection）と総称されていた（表2のファラデーンの論文タイトルを参照）。ただし，ここで銘記しておくべきことがある。それは米国が先導したこれら機械検索システムは，図書館界で開発されたものではなく，事務作業（office work）の効率化をめざす人たちが開拓したという事実である。

　コーツはランガナータンの分類思想の受容と機械化の前後関係に注目する [57]。そして現代文明の歴史家たちが重視する 30 年法則（the thirty-year rule）を援用する。すなわち真に革新的な考えは，その意義を共同体の中で広く認識され始めるまでには，最低 30 年は要するという法則である。ランガナータンの CC は 1930 年代に考案された。それが 1952 年設立の CRG の活動を介して英国では 1960 年代に広く認識され始めた。これに続いて伝播したのが欧州大陸であった。米国で索引の機械化が先駆的に起こったとき，ランガナータンの分類思想はシェラのような先覚を別にすれば，その意義は認識されていなかったのである。

6.3　主題分析のレベル

　ランガナータンは主題分析のレベルを 3 段階（概念，用語，記号）に分けた [58]。索引作業は用語レベルで，分類作業は記号レベルで完了する。しかし，コーツによるとこのモデルは概念レベルを基礎に一本化されており，よくよく考えると件名と分類を異質なものとして峻別する考え方を一撃で打ち砕く。

　ところが，そのコーツが機械化を念頭に 3 段階モデルから 2 段階モデルへの修正を試みた。表 4 はコーツの論述をもとに著者が作成したもので，コーツの 2 段階モデルは左右 2 通りある。左側は 1988 年の論文 [59] をもとに，右側は 1997 年の論文 [60] をもとに作成した。右側はベラルーシ（旧ソ連邦の白ロシア）に生きたユダヤ系の夭折した天才心理学者ヴィゴツキー（Lev Semenovich Vygotsky, 1896-1934）の発達心理学の論点に基づいている [61]。心理学のモーツァルトと称されるヴィゴツキーによると，人間は幼

表 4　ランガナータンとコーツの分析レベルの対応関係

ランガナータン	コーツ	
概念レベル (idea plane)	概念レベル (concept plane)	思考レベル (thought plane)
用語レベル (verbal plane)	符号レベル (symbol plane)	言語レベル (language plane)
記号レベル (notational plane)		

児期において言葉の習得以前に判断を行っている。ヴィゴツキーは未発達の児童の精神が初歩の段階に進み，11 歳頃に概念を形成する能力に発達してゆく過程を実験により明らかにした。その結果，思考の発達はそれとは完全に分離し，最初は遅れてやってくる言語（母語）の習得および発達との相互作用により可能になるとした。そして個々の対象の特性に着目してクラスを形成するという精神の営み［＝分類］こそ，精神的成長の糧（grain）であるとした。コーツがヴィゴツキーの発達理論を援用するのは，概念の形成は言葉なしには不可能であり，したがって両者を分けて考えることなどあり得ないとする人たちに反論するためである。

6.4　コンピュータと分析レベル

　コンピュータは記号を処理する。この場合の記号とは表 4 におけるランガナータンのそれではなく，コーツの符号レベルにあるものを指す。検索が符号と符号の一致で済まされるなら，コンピュータは期待に応えてくれる。しかし，概念レベルでの操作を必要とするとき，話は違ってくる。一例としてコーツは一冊の図書の巻末索引と書誌サービスにおける検索キーをあげる。図書における文中の語句と巻末索引は単なる一致でよい。しかし，書誌サービスにおける検索は語句の一致ではなく，概念の一致が求められる。

　概念の形成は言葉なしには不可能であるという命題があるように，概念には用語のラベル，つまり符号が必要である。だが，符号は一つとは限らないので語彙統制が必要になる。統制されるのは概念でなく，符号であり，符号としての語や句や記号である。語彙統制の最終目的は，各概念に単一の符号が貼られ，各符号が唯一の概念を意味することである。この点において分類には一つ利点がある。概念と記号の間に一対一の対応関係が保たれているからである。UNISIST の変換言語（4.3.3 項を参照）が当初から分類表を想定していた理由もここにある。

　自然語（言葉）は符号レベルの中でも特異な存在である。なぜなら自然語は人をして常に概念レベルから符合レベルに逆戻りさせる（あるいは滑落させる）傾向があるからである。逆戻りの過程で起こるのが概念の消失

や変容である。この現象は日常生活でよく目にする。たとえば広告や選挙運動におけるイメージづくりがそれである。そこでは関係のないイメージが巧妙な手口で紛れ込むのである。逆戻りをくいとめる手立てはないものか。あるとすれば，それは概念と符合の間に一対一の対応関係が保たれている記号システム，すなわち分類表である。

コンピュータは記号を処理する。決して概念を処理しない。もしコンピュータに人間と同様の概念レベルでの操作をさせたいなら，分類表あるいは分類構造を投影した索引言語を介在させる以外に，方途はないとコーツは言うのである。

6.5　代替不能な機能の看過

6.5.1　語彙統制の基盤としての分類表

コーツは 1960 年の著書で語彙統制の中で最も基本的な同義語をチェックする最良の安全装置（the best safeguard）は分類表であるとした [62]。彼はこの考えを 1962 年創刊の BTI で実践した。そこにおける同義語の定義は「分類表において同じ箇所に置かれる語」である [63]。ちなみに，山田常雄（1941-88）はものごとを定義するには二つの方法があるとした。一つは辞書のように性質を記述する方法（内包）で，いま一つは分類のようにクラスの仲間を列挙する方法（外延）である [64]。両者は相互補完の関係にあるが，検索に関係するのは主に外延の方である。

現在，語彙統制すなわち分類意味論（3.3 節の末尾を参照）における最大の課題は関連語（Related Terms: RT）の定義である。シソーラスも件名標目表もこの問題を解決できないままに歳月が過ぎた。その一方で，全分野のネットワーク情報源にアクセス可能な状況の到来を考えれば，この問題の解決は図書館情報学の枠を超えた意義をもつ。コーツは BTI 創刊から 2 年目の 1963 年に，関連語の問題には図書館分類法のさらなる研究を待たねばならないと述べていた [65]。それは新しい一般分類法の完成を待つという意味である。そして 1997 年のロンドン会議の記念誌においては，利用者行動の分析と過去 20 年間（逆算すると 1976-96）における分類の衰退に影響を与えた社会的文化的な環境要因の研究が必要になるとしている

（表3を参照）。この問題に関連してさらに示唆に富むのは，ミルズが一般分類法における主類とその順序は，近代市民社会における永続的制度である分業（division of labour）の反映であると述べている点である[66]。コーツとミルズは，現代の世界観を反映した新しい一般分類法の完成が，問題解決の糸口になることを示唆している。

6.5.2 索引言語の基盤としての分類表

　シソーラスも分類表も統制語彙のリストである。しかしコーツは大方のシソーラスは分類の断片（classificatory fragments）であると言ってはばからない。この言葉を文字どおりに解釈すると，シソーラスや件名標目表の相互参照をいくら繋ぎ合わせても，分類表のような整合性のある語彙体系にたどりつくことはできないという意味になる。これは紛れもない事実である。だが，彼にはもう一つの理由があった。ヴィゴツキーの発達心理学にちなんで述べたように，日常生活における思考（everyday thinking）は，無意識ではあるが日常生活における分類（everyday classifying）と不可分の関係にある。それはいわゆる分類の遍在（ubiquity あるいは pervasiveness）を意味する。ただし，この種の分類は基本的には二階層レベルの分類構造（two-hierarchical-level classification structures）であるとコーツは言う。この件に関してはまたも山田常雄の比喩が分かりやすい。彼は分類を系図型（分類表）と戸籍型（シソーラス）に分けた[67]。戸籍型分類表では各個人を起点にその血縁関係などを展開する。しかし，関係の設定は血縁関係に限らない。交友関係をくわえてもよいし，飛躍して何か別な関係をくわえてもかまわない。ただし基本的には二つのレベルにしか配慮が及ばないのである。信頼のおける検索ツールとして機能するには，自在に設定できる関係を全体的にバックアップする系図型分類表が必須である。コーツは分類表がすべての索引言語の基盤であることの認識を実際面で徹底するように主張する。

6.6 分類衰退の原因

　分類の衰退（the decline of classification）が言われて久しい。ミルズは

1997 年のロンドン会議の記念誌における回想（5.2.1 項を参照）で，1957 年のドーキング会議は分類の重要性を認識した記念すべき出発点であったが，同時に何か良からぬことの始まり（a false dawn）でもあったと述べている。ラングリッジも同様の見解を述べていた（5.2.3 項を参照）。ドーキング会議以降，主題検索における分類の役割，および分類実務のレベルは，徐々に低下してきたと言われている。その原因と理由をコーツは同じくロンドン会議の発表論文で考察しているのであるが，要約すると以下のようになる [68]。

 (1) 付帯的理由

  ① 経済性を過度に追求する風潮

  ② 情報技術（IT）に過度に依存する風潮

 (2) 観念上の理由

  ③ 現行の一般分類法に関する不見識

  ④ 分類の解説書にはびこる不見識

 (3) 分類に特有の根本原因

  ⑤ 特定の世界観を反映した統制言語である

  ⑥ 一般分類表から専門分類表を作成する際のファセット再編成にともなう負担

  ⑦ 並置と分散の二律背反性

 これらのうち (1) についてはすでに述べた（5.2 節を参照）。(3) については⑤と⑦ほぼ周知の事柄であるが，⑥の操作は誰もが経験することではない。それは一般分類法の用途に関わる不可避の問題である。(2) は身近な問題であるが，それだけに盲点が潜んでいる。問題の根源は分類の理論と実際の間のギャップにある。換言すれば，完全にファセット化された新しい分類法，特にこれまでの理論的成果を一身に具現した一般分類法が存在しなかったことが大きい。このギャップを埋めたのが BC2 と BSO であるが，その存在すら良く知られていないことが，分類衰退の何よりの証左である。

7. ヴィッカリーの方向転換と情報学への傾斜

7.1 ロンドン会議の記念誌に収載の回想

　この節は5.2.4項の続きをなす。ヴィッカリーは情報に関する理論はドーキング会議以降も発展途上にあり，われわれは数学，コミュニケーション理論，データ処理，言語学などの分野から多くを学ばなければならないとした。そして認知科学がこれらの分野の統合（integration）をある程度なし遂げたが，それが情報の一般理論として集約され，情報学の確立に至るまでの長い道のり（a long way to go）は現在も続いているとした。

　ヴィッカリーの回想は自身の関心事をたどったものである。彼は1950年代の分類は情報検索の領域で重視されていたが，他の分野ではそうでもなかったとする。そこで自分は1962年にドキュメンテーションのための分類という論文を発表して，これが数理分類学をはじめ，いくつかの分野で注目されるようになったとする。そして1970年代までに階層の意味論的ネットワークおよび分類のファセットに対応するロールの使用が，情報処理および人工知能（artificial intelligence: AI）の研究において珍しくなくなったとする。1980年代にはカテゴリーとクラスが本書の後段で述べるインテリジェント・インターフェイスに利用された。1990年代はデータベース中の知識発見という新技術により，自動分類とクラスタリング・アルゴリズムが最重要の課題となった。そして認知科学とその応用において，分類は一つの役割を果たすが，分類自体はあくまでも統合すべきものの一つにすぎないと結んでいる。

　記念誌の第2章〜4章は過去40年間に刊行された情報検索に関する雑誌論文のうち，新たな潮流や関心の移行を示したものを選んで再録していると述べた（5.1節を参照）。ヴィッカリーの関心事はそれらの動向とほぼ重なるのであるが，一方でドーキング会議の基調となったCRG宣言と会議の合意事項は，彼においていかなる意味をもつのかという疑問がわいてくる。

7.2　ロンドン会議の会議録に収載の総括論文

　ヴィッカリーはドーキング会議における具体的な課題とは，主題間の関係であり，主題を構成する概念間の関係であったとする。この点について40年このかた変化はなく，変化が見られ今後も変化するのは，それらをどのように発展させ，どのように活用するかであるという。彼は新たに二つの問題提起を行った。

(1)　知識構造はどのような関係で成り立っているのか？　換言すれば，分類の類種関係を基礎とする従来の知識構造に変化はないのか？そして類種関係はなおも最重要の関係であるのか？

(2)　分類という知識の組織化は，書架上の図書や書誌的記入の配列を中心に行われてきたが，その他にも用途があり，当然それらに目を向けるべきでないのか？

　上記(2)の具体例として，①シソーラスの構築と改訂，②サーチ・インターフェイスおよびオンライン・ブラウジングにおけるファセット表示，③自動索引法による支援，④サーチ・インターフェイスにおける利用者支援ツール，⑤知識発見のための分類の利用，⑥主題領域における概念構造を表示するためのオントロジー構築やAIにおける新しい知識の応用などをあげている。

　ヴィッカリーの見解は徹頭徹尾インターネットの文脈上で述べられている。そして(1)で分類の役割が低下しているかのように述べておきながら，(2)では分類の用途が他にもあると述べている。分類との関わりにおいてヴィッカリーに方向転換があったと考えるべきである。

7.3　方向転換の軌跡

7.3.1　CRG宣言にまつわる悔恨の念

　1955年に公にされ，1957年のドーキング会議で基調となったCRG宣言（表2の付録2を参照）は，その後の分類法研究開発に明確な方向性を与えた。この宣言はヴィッカリーが草した（と言うより執筆した）ことは公然の秘密であった。だが，当のヴィッカリーはロンドン会議の総括論文の冒頭で，理由は述べずに軽率（brashly）であったと悔恨の念を表わしている。

　事の発端はドーキング会議とロンドン会議の中間点に書かれたコーツの論文（表3を参照）にある。その中でコーツはCRG宣言が "exclusive"（閉鎖的あるいは排他的）であったと残念がる。それはタイトル（…as the basis of all…）によく表れていて，ファセット分類法に目が向くあまり，他の検索システムへの配慮を欠いていたと見たからである。たとえば，現在のコンピュータ検索の主流である語の単純な一致と単純な掛け合わせも，一つの方法として認めるべきだからである。また後段で述べるように，閉鎖的であるがゆえにファセット分析の応用範囲を狭めてしまうと考えたからである。

7.3.2　CRG 離脱

　1950年代のヴィッカリーはCRGに多大な貢献をなした。彼はCRG設立の発起人の一人として初代幹事（Secretary）の重責を担った。さらに月の討議に先立ち議題を調整し，討議中はもちまえの理解力でこれを主導し，終われば議事録まで作成した。それは勤務先の配慮のおかげでもあったが，その能力と活躍ぶりは長老格をしのいで事実上の会長（de facto chairman）を思わせるほど際立っていた。ところが1960年代にはいって間もなく，彼の足はCRGから遠のくようになる。

　名門オックスフォード大学で化学を修めたヴィッカリーは，化学研究者（主に爆薬の研究）および科学ジャーナリストとしての経歴をへて，終戦後は英国最大手の帝国化学工業（Imperial Chemical Industries: ICI）のエイカーズ研究所（Akers Laboratories）の産業司書（Industrial Librarian）となった。これが始まりである。転機は1960年に訪れた。後の "Mr Boston Spa" ことアーカート（Donald John Urquhart, 1909-94）の引き立てにより，1962年設立の英国国立科学技術貸出図書館（National Lending Library for Science and Technology: NLLST）の館長補佐に抜擢された。1964年には一時マンチェスター大学の科学技術研究所に籍をおくが，2年後の1966年にはAslibに研究開発部長として招聘され，1973年にはロンドン大学教授に推薦され，文字通りの秀才エリート・コースを歩んだ。しかし最後までCRGに戻ることはなかった。とは言え，新しいものに対する旺盛な研究意欲とたゆま

ぬ執筆活動は最後まで衰えることがなく，時宜を得た幾多の著作において誰もが認める大きな足跡を残した [69]。

7.3.3 禁欲的中立主義

　CRG 離脱という方向転換の理由は情報検索の問題に分類を離れて広い視野から取り組むためであったと伝えられている。これとは別に著作内容の変化に言及したのが 2 歳年上の畏友コーツである。彼はヴィッカリーが Aslib での仕事を終える頃から価値判断（value judgments）を表明しなくなったとする [70]。つまり，ある方法が他の方法より優れているとか，一方が他方の基盤であるなどという見解（たとえば 6.5.2 項を参照）は，表明しなくなったというのである。これは CRG 宣言とは正反対の姿勢である。そして著作の論調は 1970 年代にはいるや論争的（polemic）から解説的（expository）に変わったという。それは中立という重荷（the burden of neutrality）を背負った禁欲主義（asceticism）に他ならないと，コーツは半ば同情的に指摘する。ちなみに，自らが築き上げたロンドン大学図書館文書情報学部（University College London. School of Library, Archive and Information Studies: UCL/SLAIS）における学部長ヴィッカリーは，価値判断から逃れることのできない分類はもとより，検索の授業も回避して，もっぱら図書館史の授業を担当していたという [71]。

7.3.4 二人三脚

　ヴィッカリーは 1983 年にロンドン大学を定年退職となるが，その後は 1967 年に再婚したアリーナ（Alina Vickery, née Gralewska, 1920-2001）と二人三脚で仕事を進めた。アリーナは母国ポーランドで父親の専門と同じ化学を修め，次いで言語学を修めた才女である [72]。ヴィッカリーと出会ったのは 1960 年代半ばにイスラエル国家原子力エネルギー委員会（Israeli Atomic Energy Commission）で主任司書をしていたときである。1966 年にはロンドンの帝国科学技術大学（Imperial College of Science and Technology）の岩盤力学部門（Rock Mechanics Section）で情報専門員（Information Officer）としての職を得ている。そして 1970 年代後半から世界的な傾向として各

種データベースのオンライン検索が盛んになるが，彼女はロンドン大学中央情報サービス部（University of London Central Information Service: LUCIS）を率いるまでになっていた。

　理系大学院修了者で組織された LUCIS は，データベースの高度検索サービスの他に，オンライン検索で直面する諸問題の解明にも取り組んでいた。その中で特記すべきはヴィッカリーとマキルワインの共著論文 [73] が契機となった BSO Referral Test (1982-83) である。これはホスト・コンピュータ・システムが提供する多数のデータベース群から，質問に適合するものを選択する実験であった。コーツとヴィッカリーの協議に基づき，FID とユネスコの承認のもと，後者から資金援助を受けて LUCIS を舞台に実施された。DIALOG の 200 を超えるデータベース群から使用頻度の高い 36 を選び，それらの中のカテゴリー・コードを BSO コードに変換し，BSO Referral Index を編纂した。これと DIALINDEX を使用した場合，まったく補助ツールを使用しない場合と比較した実験で，BSO 索引の使用が好成績をもたらした [74]。

　1987 年にヴィッカリーは最後の大冊である『情報学の理論と実際』を夫妻で出版した [75]。本書は戦後 40 年間における情報学の発展を包括的に記したとされる労作であるが，書名にある実際面の記述についてはアリーナに負うところが大きかった。1980 年代以降のヴィッカリーは，実に彼女の影響のもとに仕事を進めていたのである [76]。

7.4　検索支援 AI システムの開発

　価値判断を表明しないヴィッカリーは現状を受け入れて最善を尽くす。彼の問題意識は，不慣れな利用者（inexperienced users）がサーチャー（searchers）として自分で検索を遂行できるようにすることである。こうして検索を支援するソフトウエアの開発が課題となった。そのためのプログラムは従来の「データ＋アルゴリズム」にくわえて，「知識＋推論」すなわち AI の技法を取り入れたものになる。

　1983 年にアリーナは英国図書館研究開発部（British Library Research and Development Department: BLRDD）の助成金を得て，利用者を適切な情報源に

導くエキスパート・システムの開発に着手した [77]。システムは PLEXUS と命名され、英国人の生活に溶け込み、趣味と研究の両面から取り扱われている園芸（gardening あるいは horticulture）に関する質問について、利用者を適切な情報源に導くことを目的とした。それはヴィッカリーが高水準の分類システム（a high-level classification system）と認める BSO の園芸の領域を知識ベースにして、AI の技法を用いた "IF-THEN" 方式の推論により情報源にたどり着くシステムである。実用レベルのプロトタイプを使った実験評価は 1987 年まで続いた [78]。

　その間、アリーナは 1985 年に LUCIS を定年退職となるが、PLEXUS に興味をいだいたカール・マトックス（Carl Mattocks）およびジェリー・ホーウッド（Jerry Horwood）という二人の若いシステム・エンジニアが彼女のもとを訪れた。そして 1986 年にヴィッカリーを顧問にすえて、4 人で Tome Associates Ltd という小さなソフトウエア会社をロンドンに設立した。4 人の役職は以下のとおりである。

　　　社長（Managing Director）：　　　　カール・マトックス
　　　販売部長（Commercial Director）：　ジェリー・ホーウッド
　　　研究部長（Research Director）：　　アリーナ・ヴィッカリー
　　　顧問（Consultant）：　　　　　　　ブライアン・ヴィッカリー

　Tome Associates Ltd は LUCIS にいたロビンソン（Bruce Robinson）というプログラマーを雇い、電気・電子工学、コンピュータ科学、情報技術（IT）の分野をカバーするマイクロ・コンピュータによる検索支援システム Tome Searcher を開発した [79]。それは PLEXUS に改良をほどこしたもので、わずか 1 年余りで完成した。このとき知識ベースにしたのがエイチソン（表 1 を参照）の手になる英国規格協会（British Standards Institution: BSI）の ROOT Thesaurus であった。Tome Searcher は 1988 年 12 月にロンドンで開催された第 12 回国際オンライン情報会議（International Online Meeting）で披露された [80]。アリーナの口頭発表と二人の若者による実演が行われ、参加者の大いなる関心をひいた。日本の参加者の報告によると、その意義はオンライン検索におけるインテリジェント・インターフェイスの先駆けである [81]。この位置づけは正しく、翌 1989 年にアリーナ

はTome Associates Ltdを代表してAslib/ISI Award for innovationを受賞した。ISI（Institute for Scientific Information：科学情報協会）は1960年にガーフィールドが設立した会社組織である。しかし残念なことに，新製品の市場開拓の難しさとTome Searcherを除く製品の売れ行き不振により，会社は1991年に倒産した。

　1992年以降，ヴィッカリー夫妻は彼が学生時代をすごしたオックスフォードに移り住み，執筆活動にいそしんだ。いわゆる研究が主であったヴィッカリーにとって，定年退職を機にアリーナと進めた実践的活動，すなわちBSO Referral Testの実験評価（1982-83），PLEXUSの開発（1983-87），Tome Searcherの開発（1987-88）は，彼の業績に新しい頁をくわえた。しかもTome Searcherの開発と並行して，彼は欧州共同体委員会（Commission of the European Community: CEC）の委託研究としてインテリジェント・インターフェイスの進歩展望を行っている[82]。このことはヴィッカリー夫妻の研究開発が，信頼に足るという条件のもと，先端をゆくものであったことを物語っている。発表論文のタイトルには，年代順に"intelligent interface"（1989-92），"computer interface"（1991），"search interface"（1992-93）の用語が使用されている[83]-[89]。

7.5　インテリジェント・インターフェイスの実際
7.5.1　インターフェイスに必要な知識と技能
　ヴィッカリーのインテリジェント・インターフェイスの概念は分かりやすい。それは利用者（end-users）が自らサーチャー（searchers）としてオンライン検索を行うとき，データベースおよびホストシステム（databases and/or hosts）との境界面あるいは接続面（interface）にあって，両者の間を取り持つ仲介者（intermediary）の役割を果たすものである。ただし，この場合の仲介者は人間ではなく，利用者を支援するソフトウエアである。支援に必要な知識と技能は専門職として訓練された人たちが身につけているものである。したがって，これら専門職の知識と技能をソフトウエアに取り入れることが課題となる。以下はヴィッカリーが明瞭化したインターフェイスの仕組みである。

(1) 検索に必要な知識と技能を有する専門職
- 目録者（cataloguers）
- 分類者（classifiers）
- 分類表構築者（classification constructors）
- 抄録者（abstractors）
- 索引者（indexers）
- サーチャー（searchers）
- 検索仲介者（search intermediaries）

(2) インターフェイスに取り入れる知識と技能
- ホストについて：遠隔通信の手順と規約，指令言語，出力形式，データベースの範囲，利用可能な検索機能と支援
- データベースについて：構造と内容，主題分野，フィールドの構造，検索可能なフィールド，索引，シソーラス，分類，使用言語，タイムラグ，更新の方針，文字セット
- 検索戦略について：正式な質問表明，再明確化と修正の技法，フィードバックの技法
- 利用者について：種類，通念，能力（資格，適応性），嗜好，セッション・コンテキスト
- 主題分野について：用語，用語間の関係，関係を表わす形式
- 言語について：形態学的分析（語幹と切頭），単語分析（同義語，複合語など），文法と統語分析，質問の意味論的分析，カテゴリー，多義語の意味特定，未知あるいは未確立の主題，用語間の意味論的関係，検索語の同義語（外国語の場合）
- 出力の表示法について：ランキングの統計的・言語学的処理，複数言語間の対応語（多言語対応の場合），重複回答の除去

(3) インターフェイスにより可能になること
- 利用者の言葉で質問を入力
- データベースとホストシステムの選択
- 質問の明確化
- 検索の水準（初級か上級か）と扱い方（実務か理論か）の設定

- 必要な情報量と許容コストの設定
- データベースの用語で質問を表明
- 要求された形式で質問を表明
- ダイアルアップ，ログオン，ファイル選択，ダウンロード，文献発注手続
- 指令言語でホストシステムに質問を伝達
- 検索の修正
- 検索結果を最適な形式で出力
- 複数データベースからの重複出力の除去

7.5.2　インターフェイスで活用の知識構造と知識表現

(1) 検索に役立つ知識構造とその表現

- ルール：言語処理および検索表現と修正に関するモジュール（例：もし（IF）質問表明に同義語が存在するなら，そのときは（THEN）演算子 "OR" を使用する）
- フレーム：検索用語の属性と用語間の関係を蓄積
- 辞書ファイル：用語とその属性，文法的・意味論的標識，見出語，フラグ，ポインタと一緒に蓄積
- 意味論的ネットワーク（分類表）
- テーブル：ホストシステムおよびデータベースに関係するデータの集積
- 見本レコードファイル：データベースを記述した展示用ファイル
- 用語の分類：階層，カテゴリーあるいはファセット，非階層的シソーラス関係

(2) 主題内容の表現に役立つ知識構造

- ファセット分類法：用語を意味論的カテゴリーに割り当て，次にそれらをファセットにグルーピングして，その中で階層関係を設定。カテゴリーは通常，次の (3) で述べる意味論的関係に似たものになる（例：特性＝実体／属性）

- シソーラス：用語間の意味論的関係として同義語，類種関係，部分
  関係，関連語などの諸関係を設定

(3) 活用のための意味論的技法

入力された質問表明の自然語処理のために以下の意味論的技法（semantic techniques）を駆使する［角カッコの中は活用する知識構造］。

- データベース選択のために主題を特定［階層］
  ソフトウエア Tome Selector を開発
- 検索語の選択（第 1 段階）［階層］
- 主題分野の推測［階層］
- 質問語と索引語の対応［階層］
- 用語の曖昧性除去（多義語の処理）［階層］
- 用語の選択（第 2 段階）［シソーラス］
- 検索語の修正［シソーラス］
- 複合語の形成［カテゴリー］

ヴィッカリーによると，以上の活用例は質問の形成や修正，それらの検索用表現（検索式）に，以下三つの知識構造がどのように活用されているかを示すものである [90]。

① シソーラスの関係（thesaurus relations）

② 分類の階層構造（classification hierarchies）

③ 意味論的カテゴリー（semantic categories）

7.5.3 ヴィッカリーの役割分担

PLEXUS および Tome Searcher の開発において中枢部分はヴィッカリー夫妻が担当した。アリーナは自然語の言語学的処理を担当した [91]。ヴィッカリーの役割分担は語彙統制に関わる下記の三つであった [92]。これらは前項末尾の①②③に対応する。

① 辞書の編纂（dictionary）

② 分類表の構築（classification）

③ 用語のカテゴリー化（categorization）

①の辞書はシステムに蓄積されるすべての用語のアルファベット順ファ

イルである。各用語はスロット付きのフレームあるいはボックスに収納される。そこではシソーラスの標準的な構成要素（優先語，スコープノート，同義語，BT/NT，RT）にくわえ，部分や特性や用途などのカテゴリーに相当する用語を収納し，必要に応じて取り出す。②のファセット化された分類表は単一階層構造を堅持する。階層を上下にたどることにより，主題分野を突き止めたり，多義語の意味を特定したり，データベースの選択を行う。③により用語には 20 余りのカテゴリーのどれかが割り当てられ，複合語の形成や未確立あるいは名前の無い主題に対応する。

　①②③の知識構造を活用しながら意味論的技法を駆使する。たとえば，"The plane taxied to the terminal" という表現には 3 個のキーワードが含まれているが，どれも複数の意味をもつ。そこで各語についてそれらが属する階層をたどりながら交差検索（intersect search）を行う。その結果，タクシーという陸上交通のキーワードがあるにもかかわらず，問題の表現が航空産業の話であることが突き止められる。前項の (3) で挙げた Tome Selector も同様の交差検索でデータベースを突き止める。

　ヴィッカリーは意味論的技法（semantic techniques）は多くの人にとって馴染みのある方法であると言う。理由は情報学において発展してきたからである。主題組織の技法を主題検索に応用しているのであるから，馴染みがあって当然であるが，上の言説に伴う違和感はぬぐえない。ブリス分類法協会はこの方法を分類的技法（classificatory techniques）と言い替えている [93]。図書館で培われてきた分類の技法を，ヴィッカリーが意味論技法としたのは，PLEXUS も Tome Searcher も人々が慣れ親しんだブール演算の技法を使い，統語論には立ち入らないからだと思われる。山田常雄はブール演算による検索は幼児語タイプだとした [94]。またドイツのフークマン（Robert Fugmann, 1927- ）は，ピジン語（pidgin：共通語をもたない人々が使用する複数の言語の混成語）の類いだとした [95]。異質なものをブール演算により同一レベルで処理してしまうからである。通常，検索システムにおける統語論の欠如は出力のあとに手当が必要になる。ヴィッカリーにおいては用語の徹底的なカテゴリー化により，手当の負担を可能な限り軽減する方法をとっている。

Tome Associates Ltd においてヴィッカリーの役職は末席の顧問であったが，役割はインテリジェント・インターフェイスの中枢を担うものであった。この経験をもとにヴィッカリーは検索の将来を以下のように予測した[96]。

(1) インテリジェント・インターフェイスと情報検索一般は，情報学において発展してきた意味論的技法を活用する(7.5.2 項の (3) を参照)。

(2) AI と情報学は共通部分が多くなってきた。

(3) コンピュータ言語学と情報学も共通部分が多くなってきた。

(4) AI と情報学とコンピュータ言語学の 3 分野はさらに協力すべきであり，これらは用語と用語間の関係を規定した巨大な集積体を必要とする。

7.6　ヴィッカリーと情報学の課題

PLEXUS にしろ，Tome Searcher にしろ，それぞれがカバーする主題分野は限定されていた。インテリジェント・インターフェイスのソフトウエアが商業的に成功するには，カバーする主題分野がそれなりの広さをもつことであった。インターネットの普及により，誰もが全分野の情報源にアクセスが可能になる状況において，分野限定の制約は徐々にでも改善されてゆくべき課題である。

1987 年にヴィッカリー夫妻が『情報学の理論と実際』を著わしたことはすでに述べた（7.3.4 項の末尾を参照）。本書は戦後 40 年間の情報学の発展を記した労作で，学生のテキストに推奨する評者も少なくない。しかし，コーツはすでに述べた分類衰退の原因（6.6 節の (2) を参照）にもつながる本書の問題点を指摘する。それは本書の根底にすえられている次の情報伝達モデルである。

　　情報源 ― チャンネル ― 受け手

コーツによると抽象化されたこのモデルは，一般分類法が引き受けるべき固有の問題をうやむやにしてしまう。誰もが知識の全分野の情報源にアクセス可能になる状況において，取り組むべき固有の問題とは利用者に関する際限のない多様性である。つまり不特定多数の潜在的利用者に情報を

提供するということ以外に，情報蓄積の目的が見当たらないとコーツは言うのである [97]。

　ヴィッカリー夫妻の上記著作では分類にさく紙数は極めて少ない。第6章「意味論と検索」で分類と概念カテゴリーにわずかに言及しているにすぎない。本来なら知識の全分野をカバーする一般分類法に相応の紙数をさいて然るべきなのであるが，上述の情報伝達モデルのおかげでこの問題を素通りできた。恐らくコーツが言わんとしているのは，本書の根底にあるのは化学情報に関する見識をもとに，科学技術情報の伝達モデルを一般化した専門図書館的発想ではないかということである。

　ヴィッカリーにおいて専門図書館的発想，さらには図書館的発想を超えるものがあるとすれば，それは長い道のり（a long way to go）の途上にある情報の一般理論，すなわち彼の言う情報学の確立である（7.1節と7.2節を参照）。彼はAIと情報学とコンピュータ言語学はますます共通部分が多くなると予測した（7.5.3項の末尾を参照）。また，認知科学という新しい学問分野のもとで，情報学は数学，コミュニケーション理論，データ処理，言語学などと一緒に統合に向かうとも述べていた（7.1節を参照）。改めて情報学とは何かと問わずにはいられないのであるが，現時点で明確な定義を期待するのは無理かも知れない。この件に関して外延的定義により図書館と情報学を対比して見せたのが，図書館は存続するであろうと予測するミルズである。彼は以下のような線引きをして見せた [98]。

　図書館では，
- 限定された規模の蓄積の範囲で
- 訓練された図書館員が
- ツールを用いて
- 資料をあらかじめ索引し
- 検索の領域を調整する。

　情報学では，
- 巨大な集積において
- 検索のお膳立ては最小限にとどめる。

1958年にCRGの長老格の一人であるファラデーン（表1を参照）は英

国情報学者協会（Institute of Information Scientists: IIS）を設立した。2002 年
に IIS は伝統ある LA（1877 年設立）と合体して英国公認図書館情報専門職
協会（Chartered Institute of Library and Information Professionals: CILIP）の設立と
なった。それから 6 年後，すなわち IIS の設立から 50 年後の 2008 年に，
その流れを汲むところの機関誌が情報学の歩みを展望する特集号を組ん
だ [99]。あくまでも英国の話であるが衝撃的であったのは，情報技術（IT）
の急速な進歩もあって情報学の活動はそれなりの成果をあげてきたが，独
立した学問分野としての実体は，むしろ霞んできているという趣旨の論文
が大勢を占めていた点である [100]。ヴィッカリーはこの特集号の論説の
執筆を依頼されていた。あらかじめ掲載論文の原稿に目を通していた彼は，
上述の懐疑的な見解が大勢を占めていたにもかかわらず，それにめげるこ
となく近未来を展望した [101]。

(1) 世界は巨大な一つの情報集積体になり，それを各自は自分の机の
　　上で閲覧できる。

(2) われわれの課題は検索の知識と技能をコンピュータに理解させる
　　ことであり，この新しい任務は一段と斬新な技術を必要とする。

　以上がヴィッカリー最晩年の見解である。彼は情報学の確立をめざす牽
引者の一人であった。彼は不安で仕方のない情報学者たちに力強いメッ
セージを遺したと言われている。それは次のようなものとして理解されて
いる。すなわち，人間が情報に関わる行動や組織化する行動にはいくつか
の根本原理があり，それらに変化はない。情報学者の任務とはその根本原
理の究明であり，それが具体化されるいかなる情報環境においても有効で
あるということを示すことにある [102]。

8.　分類の新たな役割

8.1　CRG 宣言の再考と索引言語の呼称変更

　CRG 宣言（1955）がドーキング会議の基調になり，その後の分類法研究開発を促進した（3.2 節を参照）。したがって，宣言が折に触れて引用されるのは当然のことであるが，ヴィッカリーが軽率であったと悔恨の念を表わしていたように（7.3.1 項を参照），会議の参加者たちは取り扱いに慎重であった。早くから講じられた措置は，シェラ [103] やファラデーン [104]がそうしたように，またヴィッカリーの古希記念業績目録 [105] においてそうであったように，タイトル中の定冠詞（the）を不定冠詞（a）にさりげなく変える緩和措置であった。

　　　" The need for a faceted classification as *a* basis of all methods of
　　　information retrieval"

　苦渋の対応は約 30 年も続いたのであるが，タイトル中の冠詞を変えるだけでは不十分で，中身の再考が必要であった。CRG の創立会員の一人としてこの責務を果たそうとしたのがコーツである。彼は 1980 年代末期にそれまでの索引言語（indexing languages）に代わって，情報言語（information languages）という用語を使い始めた [106]-[108]。そして CRG 宣言を念頭に次のような命題を打ち立てた [109]。

　(1)　情報言語はあらゆる検索法の基盤である（Information languages are
　　　the basis of all retrieval methods）。

　(2)　分類は情報言語の基盤である（Classification is or should be the basis of
　　　information languages）。

　二つの命題のうち (2) についてはすでに述べた（6.5 節を参照）。索引言語から情報言語への呼称変更は主に (1) に関係する。人間は道具を使う動物である。今後さらに増加が見込まれる利用者自身による検索には，索引言語という道具（ツール）が必要である。さもなければ検索が行き当たりばったりの断片的なものに終始せざるを得ないからである。

　コーツにおいて索引言語から情報言語への呼称変更は，情報社会におけ

る人間の二次的な言語習得とも言うべき意味合いをもつ。ヴィゴツキーは
その発達心理学において，言語（正確には母語）の習得が遅れてやってく
ることを実験により明らかにした（6.3 節を参照）。彼は人間の精神は社会
的な活動と他者とのコミュニケーションを通じて発達すると考えた。コー
ツは最近のヴィゴツキー研究の成果として，コンピュータ媒介コミュニ
ケーション（Computer-Mediated Communication: CMC）に必要な技能習得のプ
ロセスと，ヴィゴツキーが観察した精神の初期発達段階との間に，類似性
が見られるという報告 [110] がなされていることに注意を喚起している。

8.2　検索支援のツール

　利用者自身によるオンライン検索が一般化している。コーツによると検
索において索引言語の助けが必要になるのは次のような場合である [111]。

　(1) 利用者が情報要求を正確に表明できない。

　(2) 主題に適合する情報を網羅的に知りたい。

　(3) 主題そのものが本来的に複雑である。

　索引言語が主題検索のツールとして使用され始めたのは，コンピュータ
の処理能力の向上によるフルテキスト検索とかフリーテキスト検索が可能
になってからである。これは実際には索引作業を行わないか，あるいは大
幅に省略する方法なので，システムを構築する側にとっては大幅なコスト
削減につながった。しかし，主題検索は語句の単純な一致で済まされるは
ずもなく，利用する側はシソーラスを検索支援ツールとして使用するよう
になった。

　シソーラスは語彙統制のための意味論的ツールである。動植物の分類は
類種関係(アプリオリな意味論的関係)を規定する。文献の分類は統語関係(ア
ポステリオリな統語論的関係）も考慮しなければならない。索引語の羅列は
検索の精度を下げる。このためロール，リンク，ファセット，関係オペレー
タなどの文法装置（grammatical devices）が考案された。このうち索引語の
引用順序（語順）も同時に規定するのがファセットと関係オペレータであ
るが，すでに OVS 形の受動構文が確立している [112]。つまり最も重要な
事物や作用を受ける事物のカテゴリー（最終生産物や被作用主）が文頭に

くる。言語学的には，意味的に最も中立的なカテゴリーが文頭にくるとき
文章が安定するからである [113]。ミルズが BC2 の各分野のファセットを
突き止めるためのモデルとしたカテゴリーとその引用順序は，1950 年代
に始まる CRG の専門分類法の研究開発（4.1 節と 4.2 節を参照）の賜物であ
る。それは CRG の標準引用順序（the CRG's standard citation order）と呼ばれ
ているが，以下のように骨子はやはり OVS 形の受動構文である [114]。

　　システム／実体 ─ 種類 ─ 部分 ─ 材料 ─ 特性 ─ 過程 ─ 操作 ─
　　作用主 ─ 場所 ─ 時間 ─ 形式

　分野ごとにファセットの引用順序が決まったら，それらは分類表におい
て倒置の原理（4.2 節を参照）にしたがい逆の順序で列挙される。たとえば
医学におけるファセット順序は，患者 ─ 部位・器官 ─ 疾患 ─ 治療 ─ 医
薬品・医療機器が骨子となるが，これらは分類表において逆の順序で列挙
される。教育も同様のパターンである。

　ファセット分類法は意味関係と統語関係の両方を規定する最強の索引言
語である。ミルズはファセット分類法は正確な質問要求の形成を助けるの
で，検索の初期の段階で助けになるとする。さらに知識の全分野をカバー
する一般分類法は，知識の地図（maps of knowledge）の役割を果たすので，
検索に見通しを立てることができるとしている。コーツとミルズがともに
強調するのは，ファセット分類法はいかなる検索システムにおいても，特
に重要と考えられている初期の段階で利用者を支援するという点である。

8.3　分類教育のツール

　コーツは 1997 年のロンドン会議の発表論文の後段で，主題検索の
質的向上を図る最良の方法は，利用者に分類の原理（the principles of
classification）を知ってもらうことだと述べている [115]。そのための教育ツー
ル（a teaching aid）としてファセット化された新しい一般分類法を推奨する。
その場合，分類構造は統語論と意味論に分けて解説するように説いている。
ただし，両方ともいたずらに難しいものになってはならないとする。統語
論に関してはファセット分析を援用するが，それは英文法の初歩を学ぶレ
ベルで達成できるとする。意味論は概念分析の重要性（表 4 を参照）を知っ

てもらうためにある。概念分析の初歩については "comprehension"（理解力あるいは読解力）の題目のもとに，すでに一般的な言語教育の一部として教わっているはずだとしている。

　ミルズも同じくロンドン会議の基調論文の後段で，ファセット分類法と教育の関係を論じている [116]。情報社会が急成長している一方で，情報の潜在的検索者はそれに見合った知識や技能を身につけていないとする。図書館やデータベースの利用者が必要とするのは，各システムが知識を組織化するために駆使する論理構造を理解することであり，併せて知識分野を縦横に走る通路を合理的に通り抜けるための簡単かつ少数の規則を知ることであるとする。そのためには目指す情報が何処にあるのかをかなりの確率で予測できる分類構造が必要で，それは明快な理論的基盤と完全な反復的パターンを備える。このような役割を果たすのがファセット化された新しい一般分類法で，高等教育の基礎教育課程あるいは一般教育課程で正式に取り上げ，その効果を検証してみる時期にきているとした。

8.4　学問分野としての図書館分類法

　シェラはドーキング会議の基調論文（表2を参照）で，ある事柄を理解するのに苦労するとしたら，それはその人の記憶の中に新しい考えや知覚と関係づけられるパターンが欠落しているからであるとした。彼は精神の中におけるパターンは，経験に対して意義や意味を与える枠組みであり，いかなる新しい考えも，その人にとって既存の知識構造と関係するときにのみ知識になり得るとした。

　構造化された知識は伝達しやすく，理解しやすく，そして呼び戻しやすい。図書館分類法における知識構造の特徴として，まず思い浮かぶのが字下げ（indention）による概念の階層構造図（hierarchical schemata）である。これは上位の概念に対して下位の概念が従属（subordination）あるいは依存（dependency）するか，あるいは包含（inclusion）される関係を表わす。要するに，分類体系には何種類もの論理関係が隠されているのであるが，その中で最も重視されてきたのがヴィッカリーも述べていた類種関係（genus-species or generic relation）である（7.2 節を参照）。

　以上の関係は樹状構造（tree structures）で表わすことができる。分類が検索のツールとして機能するには樹状構造にもつれ（tangle）があってはならない。もつれのことを分類用語で交差分類（cross classification）と言う。これは同じ内容の図書が分散するという不都合をもたらす。阿弥陀籤にたとえるなら，同じ当たり籤が複数箇所に出てしまうことである。これを回避するのがファセット分析，すなわち同類項のグループ間における相互排他的（mutual exclusive）な区分特性の適用（applications of characteristics of division）である。

　ランガナータンは人間の知識と分類との関係について，"人間の思考は多次元的である。しかし，われわれは一次元的存在であり，物事を一次元的に処理し並べることになる"と述べている [117]。これを受けてコーツは，"あらゆる知識はその中で様々な部分が関係しているという点で多次元的である"としながら，"分類は単純にこれら多次元的な関係を二次元の頁に置き換える企てである"と述べている [118]。その結果，知識の線形配列（linear order）あるいは線形表示（linear display）という単純化が行われる。つまり「分類とは複雑に絡み合った知識を二次元の平面に線形に表示する企てである」。

　ミルズは書架分類に代表される知識の線形配列こそ，それが抱える制約にもかかわらず，図書館分類法を理論的に進展させたとする。そしてランガナータンもコーツもミルズも，知識の線形配列はわれわれが日常生活で目にする知的作業であるという。その代表例が「ものを書く」という行為である。ここに至って分類という字下げによる概念の階層構造図と知識の線形配列が通底する作業であることが分かる。

　コンピュータ検索の現状に警鐘を鳴らす日本の識者（6.1 節を参照）は，一様に日本の高等教育の先行きを憂慮している。主題検索のプロセスと高等教育における学問研究のあり方はどのように関係するのか？　既出の野依良治の所論はこうである。科学の本質は知識の積み上げである。したがって先端にいるのは若い人たちである。次代を担う若い人たちが学力を向上させるには，自分で問題を見つけて，それに正しく答えることである。そのためには問題の全体像の把握が必要である。この点において図書の目

次は重要なのであるが，今の大学生は索引で事を済ませてしまうので，知識は断片的にならざるを得ないとする。大事なことは当該分野がどのように成り立っているかを知ることであるという。最後のくだりを図書館情報学の用語で言い替えるなら，それはブリスとランガナータンが取り組み，CRG が受け継いだ「分野間の関係」と「分野を構成する概念間の関係」を考えることに他ならない。そして一冊の図書と分類表の間には以下のような構成上の類似性が存在することに改めて気づくのである。

　　「図書」　　「分類表」

　　目次　―　梗概表（類目表・綱目表など）

　　本文　―　本表（細目表）

　　索引　―　件名索引（相関索引）

　ちなみに 1930 年代のことであるが，ブリスは分類表における記号と索引は概念の体系に仕える僕であることを力説した。その体系に多少の不備があっても索引で補えば良いという考え方に対して，これを件名索引の幻想（the subject-index illusion）と呼んで戒めている [119]。

　ランガナータンはドーキング会議においてシェラに先立ち，「学問分野としての図書館分類法」と題する基調講演を行った（表 2 を参照）。それから 40 年後のロンドン会議で，ミルズとコーツは分類という知識構造に関する教育を，図書館情報学にとどまらず，高等教育の基礎教育課程にまで拡大するように提唱した。ランガナータンは図書館分類法が授業科目になり得ることを見越していたと考えるべきである。

9. パラダイム・シフトと今後の方向性

9.1 二者択一

　集中分類サービスが自家分類作業に取って代わり，図書館における分類者の数は減少の一途をたどっている。それでもコーツはさらなる分類の知識（more classification wisdom）がサービスを受ける人たちに要求されるとする。サービスの評価とフィードバックを怠ってはならないからである。特に日本人は，山﨑久道が言うように何につけ宛行扶持の受け取り法に安住する傾向があるので，注意が必要である [120]。

　また，多くの人がインターネット上で検索を行い，しかも全分野の情報源にアクセス可能な状況ができつつある。これをコーツは情報熟達社会（an information-skilled society）の到来と見なし，誰もが時勢に即応した新しい技能の習得が必要になるとする。技能の中で最も重要なのが様々な分野に順応し，また分野間をナビゲートする能力である。この趨勢は学校教育にも影響を与えずにはいられないと見ている。

　上述の変化は図書館情報学におけるパラダイム・シフト（前提変化）と見なし得る（5.1 節を参照）。つまり少数の分類者しか必要でなくなり，その一方で利用者自身による検索が一般化し，しかも知識の全分野の情報源にアクセス可能な状況ができるという，従来の前提をくつがえす変化が起こっている。当然のことながら分類法研究は従来のような主題組織だけでなく，むしろ主題検索に力点を移すべきであるとコーツは説く。さらに分類の知識は潜在的利用者，すなわち一般大衆（the general populace）まで念頭においた普及活動の対象になって然るべきと説く。その結果，図書館情報学に対して以下のような二者択一が提示された [121]。

　(a) 潜在的利用者までも念頭においた分類の知識の普及に努める。
　(b) 検索の質的向上をめざしてより精巧なソフトウエアの開発に努める。

　この二者択一はヴィッカリーのことを念頭においている。しかし二人だけの問題ではない。ほぼ同じ現状理解に基づき，利用者への支援を最重要

の課題としながらも，異なる方向性を示した 3 人の分類学者の見解である。
コーツとミルズが (a) であり，ヴィッカリーが (b) である。ちなみに (b) と
同類と見なしうる自動分類法と自動索引法について，コーツは用語の出現
頻度や近接度測定などの統計的方法は，客観的手続と主観的選択の合体だ
としている。ミルズは用語の意味を手がかりに文献内容の把握に取り組む
正面アタック（frontal attack）に対し，確率論的方法は間接アタック（indirect
attack）だとしている。ただし，クランフィールド・プロジェクトの実験
結果が教えるように，対象となる分野が狭く専門用語が定まっていれば，
それなりの有効性は認められるとしている。

9.2　今後の課題

　前節の二者択一に関連して検証すべきことがある。それは新しい一般分
類法（具体的には BC2 と BSO）が，検索において果たす役割を検証してみ
ることである。この件に関連して有り難いのは，ヴィッカリー夫妻がイ
ンテリジェント・インターフェイス（具体的には PLEXUS と Tome Searcher）
の開発において，検索の各段階を区切って対処したことである（7.5 節を
参照）。さらに AI の技法を取り入れた検索と人間による概念レベルの検索
の相違を明らかにする必要がある。たとえば，インターフェイスにおいて
検索の大幅な修正が必要なとき，どこまで AI が行うのか，あるいは行う
ことができるのかという問題が浮上するはずである。
　分類統語論との対比において分類意味論の遅れが指摘される中，統合レ
ベルの理論が一般分類法における主類の順序に根拠を与えたことは大きな
進歩であった（4.3.4 項を参照）。伝統的に図書館分類法はもつれのない単
一階層構造（monohierarchical structure）を堅持してきた。逆にシソーラスは
多階層構造（polyhierarchical structure）を容認してきた。ハイパーリンクの
技法が編み出されて，これを含めた総合的な視点からの対応が必要である。
分類表の機械可読化が一般化した現在，一つの方法として単一階層構造を
表に出し，追加の多階層を背後に隠す対応策などが検討されている。
　分類意味論の最大の課題は関連語（RT）の定義および標準化である（6.5.1
項を参照）。山崎正和が " 現代の電子情報が個人自身の検索した知識しか

与えず，結果として個人の興味の範囲を狭くしている"と述べていた（6.1
節を参照）。ヴィッカリーは Tome Searcher において関連語と思われるもの
を各用語のフレームあるいはボックスに収納する方法をとった（7.5.3 項を
参照）。これは有効な対応策かも知れないが，定義の問題を棚上げにして
いるので解決策ではない。

10. 総括

　20 世紀前半における図書館分類法の二大巨匠はブリスとランガナータンであった。ブリスは分野間の関係と記号法の研究で，ランガナータンは分野内の概念間の関係の研究で，長足の進歩をもたらした。それぞれの研究成果を具現した体系が BC と CC であった。

　20 世紀後半は 1957 年のドーキング会議を起点に，英国の CRG が既存の分類法の不備を踏まえ，戦後の分類法研究の理論的成果のすべてを具現すべく，ファセット化された新しい一般分類法の開発を最大の目標とした。その結実が BC2（進行中）と BSO である。

　ドーキング会議と同時期に開始されたクランフィールド・プロジェクトは 4 種類の索引言語の検索効率に関する実験評価であった。すなわち分類における新旧のシステム（ファセット分類法と UDC）と索引における新旧のシステム（事後結合法と件名目録）の検索効率の比較であった。結果に大差が認められなかったのは，航空工学という極めて狭い分野の文献を詳細に索引づけし，専門性の高い人為的な質問を用意して検索効率を測定したからである。

　新旧 4 種類の索引言語のうち他を凌駕したのが語の単純な一致と単純な掛け合わせによる事後結合索引法であった。これはブリスとランガナータンが取り組み，そして CRG が継承した分野および概念間の関係の問題をほとんど度外視することで，システムの大幅なコスト削減と手軽な検索を可能にした。1960 年代にはこの方法がコンピュータ化の旗手となり，1970 年代には検索の基本的方法論として確立した。事前結合方式の PRECIS が精度の高い索引システムとしてもてはやされたのもこの時代である。

　分類の衰退と相俟った語の単純な一致と単純な掛け合わせはコンピュータの処理能力を高めた。1980 年代には膨大な文献情報のフリーテキスト検索あるいはフルテキスト検索が可能になった。これは究極のコスト削減システムである。なぜなら，実際には索引作業をほとんど行わないからで

ある。その結果，索引作業のために開発されたシソーラスを，今度は検索の段階で補助ツールとして利用するという逆転現象が起こった。

　1990年代には情報技術（IT）の急速な発達とインターネットの普及により，知識の全分野の情報源にアクセス可能な時代の到来が予見されるようになった。しかし一方では，主題検索は微細情報の断片的検索に偏り，テキストベースの要約情報の検索に関しては質的低下が深刻になってきた。情報の巨大な集積体から，情報の断片しか検索できないという，矛盾に満ちた貧しい現状を指摘する識者が日本にも現われてきた。

　その間，集中分類サービスの拡大により分類者の数が減少の一途をたどり，インターネットの普及により知識の全分野の情報源にアクセス可能な状況ができてきたばかりか，利用者自身によるオンライン検索が一般化してきた。これらの要因は図書館情報学(LIS)におけるパラダイム・シフト（前提変化）を引き起こした。

　ミルズとコーツは新しい一般分類法（BC2とBSO）を図書館情報学における分類教育のツールとして推奨し，利用者に対しても検索支援および分類教育のツールとして活用することを提唱した。ヴィッカリーは不慣れな利用者が自分で検索を遂行できるように，AIの技法を取り入れたインテリジェント・インターフェイスのソフトウエア（PLEXUSとTome Searcher）を先駆的に開発して見せて，これが近未来における検索の姿であるとした。どちらも利用者自身による検索の一般化を自然な成り行きと見なし，その質的向上に主眼をおいている。

62

11. 結論

　不惑の分類学者ミルズが格言としたのがシェラの次の言葉である。すなわち，図書館の仕事を他の職種から分かつ究極のものとは，書誌（bibliography）と検索（retrieval）の二つであるという [122]。書誌は情報を運ぶ資料に関する問題のすべてを扱い，検索は資料の利用に関わる中心的問題を扱う。資料の利用はそれを探し出すことが前提となるので，その鍵となるのが分類である。ミルズはいかなる情報システムにおいても，基盤（bedrock）となるのは知識構造であり，分類は知識構造の理解と管理のための鍵になるとしている。

　同じく不惑の分類学者コーツは，検索の基本的方法論が確立したあとの 1980 年代に，機械化の推進を請負う人たち（mechanisers あるいは mechanising interests）に，図書館が培ってきた知的作業の処理を期待しても無理であると述べている [123]。彼らは 1950 年代に語彙統制をはじめとする検索の諸問題はコンピュータが解決してくれると考えていた。歳月をへて，さすがに情報処理に概念レベルというものが存在することに気づいた。しかし，そこに横たわる問題と全面的に向き合うことはなく，厄介なことは回避するのを常套手段としてきた。コーツはその厄介なところにこそ図書館情報学の職分（province）があるとする。従来からの主題組織の担当者はもとより，オンライン検索の担当者や索引言語の開発や維持管理に取り組む人たちが，概念分析につながる分類の知識を生かして問題解決にあたることの重要性を説いている。同様のことは既述のフークマン（7.5.3 項を参照）が 21 世紀初頭に回顧論文の中で述べている。彼は情報学に身をおくドイツきっての実践的理論家であるが，図書館員と分類学者が何世代にもわたって培ってきたことが，これから多くの分野で生かされるはずだと述べている [124]。

　それでは不屈の情報学者ヴィッカリーが提唱したインテリジェント・インターフェイスのソフトウエアの開発は誰が引き受けるのか？　情報学に身をおく人と言ってしまえば簡単であるが，この件に関してヴィッカリー

は何も述べていない。検索の支援に必要な知識と技能をソフトウエアに取り入れるための高度な技術は，長い道のり（a long way to go）の途上にある情報学の進歩と軌を一にするのであるから（7.5.3 項の末尾を参照），すぐに手が届くものとは考えにくい（7.6 節の後段を参照）。そうだとすれば取り入れるべき知識と技能を備えているのは誰かということになる。それは目録，分類，分類表構築，抄録，索引，検索，検索仲介の仕事に携わる専門職である（7.5.1 項 (1) を参照）。つまり大半は図書館情報学における整理技術あるいは資料組織化および検索に関係する人たちである。

　本書のテーマである主題検索の今後の方向性について，下記のような二者択一が図書館情報学に対して提示された。読者にとっては意外な結末かも知れないが，われわれを取り巻く状況が大きく変化している中，突き詰めるとこれしかないというのが，コーツ，ミルズ，ヴィッカリーの見解である。

　　(a)　潜在的利用者までも念頭においた分類の知識の普及に努める。

　　(b)　AI の技法を取り入れたより精巧なソフトウエアの開発に努める。

謝辞

　ロンドン大学名誉教授でブリス分類法協会会長のヴァンダ・ブロートン女史には，初期 CRG 会員（表1）について物故者と存命者の確認をお願いした。CRG の幹事でもある同女史は，ミルズ [125], ヴィッカリー [126], コーツ [127] の追悼文を執筆している。同女史とは 2004 年 7 月にロンドン大学で開催された第 8 回 ISKO 国際会議において知遇を得た。これまで折りに触れて助勢をいただき感謝の念に堪えない。

引用文献

[1]   Brugghen, W. van der. *Cours d'introduction à la documentation: aide-memoire synoptique*. La Haye, FID, 1972, p.9-12. (FID publication, 484). ［英語版］ *Syllabus for a documentation course*. The Hague, FID, 1975, p.39-41. (FID publication, 533). 英語版にはFID各委員会の設立年の記載なし.

[2]   Parthasarathy, S. "Classification research: a survey of recent developments". *Annals of Library Science and Documentation*, vol.12, no.4, 1965, p.189-197.

[3]   *Proceedings of the International Study Conference on Classification for Information Retrieval held at Beatrice Webb House, Dorking, England, 13th-17th May 1957*. London, Aslib: New York, Pergamon, 1957, 151p.

[4]   *Classification research: Proceedings of the Second International Study Conference, held at Hotel Prins Hamlet, Elsinore, Denmark, 14th to 18th September 1964*. Pauline Atherton, ed. Copenhagen, Munksgaard, 1965, 563p. (FID publication, 370).

[5]   *Ordering systems for global information networks: Proceedings of the Third International Study Conference on Classification Research held at Bombay, India, during 6-11 January 1975*. A. Neelameghan, ed. Bangalore, FID/CR and Sarada Ranganathan Endowment for Library Science, 1979, 511p. (FID publication, 553).

[6]   *Universal classification: subject analysis and ordering systems: Proceedings, 4th Internatl. Study Conference on Classification Research, 6th Annual Conference of Gesellschaft für Klassifikation e.V., Augsburg, 28 June - 2 July 1982*. Ingetraut Dahlberg and Jean M. Perreault, eds. Frankfurt am Main, Indeks Verlag, 1982-83, 2v. (FID publication, 615).

[7]   *Classification research for knowledge representation and organization: Proceedings of the 5th International Study Conference on Classification Research, Toronto, Canada, June 24-28, 1991*. Nancy J. Williamson and Michèle Hudon, eds. Amsterdam/New York, Elsevier, 1992, 427p. (FID publication, 698).

[8]   *Knowledge organization for information retrieval: Proceedings of the Sixth International Study Conference on Classification Research held at University College London, 16-18 June 1997*. The Hague, FID, 1997, 206p. (FID publication, 716).

[9]   *From classification to "Knowledge organization": Dorking revisited or "Past is prelude"*. Alan Gilchrist, ed. The Hague, FID, 1997, 186p. (FID publication, 714).

[10]   CRG. "The need for a faceted classification as the basis of all methods of information retrieval". *Library Association Record,* vol.57, no.7, 1955, p.262-268. CRG memorandum. ［再録］前掲 [3], p.137-147. ［再々録］前掲 [9], p.1-9.

[11]   Farradane, J. "Classification Research Group". *Encyclopaedia of librarianship.* 3rd rev. ed. Thomas Landau, ed. London, Bowes & Bowes, 1966, p.107-109.

[12]   "International Study Conference on Classification for Information Retrieval, Beatrice Webb House, Dorking, England, 13-17 May 1957: Conclusions and recommendations". *Journal of Documentation,* vol.13, no.3, 1957, p.152-155. 前掲 [3], p.111-113の抜粋.

[13]   Shera, Jesse H. "Classification at Dorking: the International Study Conference on Classification for Information Retrieval". *Library Resources & Technical Services,* vol.2, no.1, 1958, p.33-43.

[14]   Risk, J.M.S. "Proceedings of the International Study Conference on Classification for Information Retrieval: a summary of the papers and discussions". *Journal of Documentation,* vol.15, no.1, 1959, p.70-80.

[15]   Coates, E.J. "Classification in information retrieval: the twenty years following Dorking". *Journal of Documentation,* vol.34, no.4, 1978, p.288-299. ［再録］前掲 [9], p.11-20.

[16]   Vickery, B.C. *Faceted classification: a guide to construction and use of special schemes.* London, Aslib, 1960, 70p.

[17]   山田常雄「イギリス分類研究グループ（CRG）における分類理論の展開」『東京大学図書館情報学セミナー研究集録』 no.19, 1982, p.247-320. ［再録］『分類と索引とデータベース—山田常雄氏追悼論集』［東京］，山田常雄氏追悼論集刊行会，1990, p.1-111.

[18]   Coates, E.J. *British Catalogue of Music Classification.* London, Council of the British National Bibliography, 56p. Classification scheme.

[19]   Mills, J. *A modern outline of library classification.* London, Chapman & Hall, 1960, 196p. ［和訳］『現代図書館分類法概論』山田常雄訳，天理，日本図書館研究会, 1982, 193p.

[20]　Foskett, D.J. "Classification and integrative levels". *The Sayers memorial volume: essays in librarianship in memory of William Charles Berwick Sayers.* D.J. Foskett and B.I. Palmer, eds. London, Library Association, 1961, p.136-150. ［再録］ *Theory of subject analysis: a sourcebook.* Lois Mai Chan, Phyllis A. Richmond and Elaine Svenonius, eds. Littleton, CO, Libraries Unlimited, 1985, p. 210-220.

[21]　*Some problems of a general classification scheme: report of a conference held in London, June 1963.* London, Library Association, 1964, 47p. ［再録］ *Classification and information control: Papers representing the work of the Classification Research Group during 1960-1968.* London, Library Association, 1969, p.7-23. (Library Association Research Publications, 1).

[22]　Austin, D. "Differences between library classification and machine-based subject retrieval systems: some inferences drawn from research in Britain, 1963-1973". 前掲 [5], p.326-340.

[23]　Austin, Derek. *PRECIS: a manual of concept analysis and subject indexing.* London, Council of the British National Bibliography, 1974, 551p.

[24]　Vickery, B.C. "Review of [23]". *Catalogue & Index*, no.38, Autumn 1975, p.10-11.

[25]　Langridge, D.W. "Review of [23]". *Journal of Librarianship*, vol.8, no.3, 1976, p.210-212.

[26]　Coates, E.J. "Review of [23]". *Journal of Documentation*, vol.32, no.1, 1976, p.85-96.

[27]　*The Bliss Bibliographic Classification: schedules.* <www.blissclassification.org. uk/bcsched.shtml >.

[28]　University College London. "Facet analysis and its influence on the major systems of library classification". *Research Excellence Framework* 2014, p.1-4. (Submission data, REF3b).

[29]　Mills, J. "The Bliss and Colon classifications". *Library Association Record*, vol.53, no.5, 1951, p.146-153. FLA thesis.

[30]　Broughton, Vanda. "Jack Mills, 1918-2010: an academic appreciation". *Bliss Classification Bulletin*, no.52, 2010, p.3-8.

[31]　*BSO - Broad System of Ordering: Schedule and index.* 3rd revision. Prepared by the FID/BSO Panel (Eric Coates, Geoffrey Lloyd and Dusan Simandl). The Hague, FID: Paris, Unesco, 1978, 1v. (FID publication, 564). Classification scheme.

68

[32]   *The BSO Manual: the development, rationale and use of the Broad System of Ordering*. Prepared by the FID/BSO Panel (Eric Coates, Geoffrey Lloyd and Dusan Simandl). The Hague, FID, 1979, 157p. (FID publication, 580).

[33]   Coates, E.J. "CRG proposals for a new general classification". 前掲 [21], p.38-45.［再録］前掲[21]の再録, p.19-22.

[34]   Coates, E.J. *Subject catalogues: headings and structure*. London, Library Association, 1960, 186p. Reissued by the same publisher in 1988 with the eight-page new preface without pagination.

[35]   Kawamura, Keiichi. "Eric Coates". *ISKO Encyclopedia of Knowledge Organization*. 4th September 2018. <https://www.isko.org/cyclo/coates>.

[36]   *BSO - Broad System of Ordering: a general, faceted classification scheme for information exchange and switching*. <https://www.ucl.ac.uk/fatks/bso/>.

[37]   川村敬一「BSO, あるいはCRGの新一般分類表—仮説と論証」『情報学 = Journal of Informatics』vol.10, no.2, 2013, p.1-10. 博士論文の縮約版. <https://creativecity.gscc.osaka-cu.ac.jp/JI/article/view/664>.

[38]   Coates, E.J. "BC2 and BSO: presentation at the Thirty-Sixth Allerton Institute, 1994 Session on preparing traditional classifications for the future". *Cataloging & Classification Quarterly*, vol.21, no.2, 1995, p.59-67. Emphasis is put on BSO.

[39]   Mills, Jack. "Faceted classification and logical division in information retrieval". *Library Trends*, vol.52, no.3, 2004, p.541-570. Emphasis is put on BC2.

[40]   川村敬一「一般分類法における主類の選定と順序—その哲学的および社会歴史的背景の考察」『日本図書館情報学会誌』vol.50, no.1, 2004, p.1-25.

[41]   McIlwaine, I.C. and Vanda Broughton. "The Classification Research Group - then and now". *Knowledge Organization*, vol.27, no.4, 2000, p.195-199.

[42]   Coates, E.J. *A future for BSO?* A talk given at the BSO Open Meeting, Lyngby, Denmark, 22nd August 1980, 8p. Unpublished document distributed to the attendees.

[43]   前掲 [9].

[44]   Gilchrist, Alan. "Introduction". 前掲 [9], p.iv.

[45]   Satija, M.P. "Review of [9]". *Knowledge Organization*, vol.26, no.1, 1999, p.56-57.

[46]   Mills, J. "Introductory address." 前掲 [8], p.1-11.

[47]　Coates, E.J. "Subject searching of large scale information stores embracing all fields of knowledge: classification and concept matching". 前掲 [8], p.17-22.

[48]　Vickery, Brian. "Issues in knowledge organization". 前掲 [8], p.180-182.

[49]　Williamson, Nancy. "FID/CR News 44". *Knowledge Organization*, vol.24, no.3, 1997, p.182-189.

[50]　前掲 [34], p.19.

[51]　Line, Maurice B. "The cost of classification: a note". *Catalogue & Index*, no.16, October 1969, p.4.

[52]　丸山昭二郎「Aslib Cranfield Research Project」『情報の科学と技術』vol.37, no.7, 1987, p.299-300.

[53]　山崎正和「ビブリオバトル」『讀賣新聞』2016年9月5日（月）朝刊, p.1-2.（地球を読む）.

[54]　山﨑久道「「情報貧国ニッポン」を超えて：図書館，図書館員は生き残れるか」『TP&Dフォーラムシリーズ』no.26, 2017, p.39-56.

[55]　野依良治「ノーベル賞受賞者が見る教育の未来：野依博士に聞く（上）」『教育新聞』2019年1月1日（火），p.16.（新年特別インタビュー）.（下）は同年1月10日（木），p.2-3に掲載.

[56]　前掲 [46], p.8-9.

[57]　Coates, E.J. "Ranganathan's thought and its significance for the mechanisation of information storage and retrieval". *Herald of Library Science*, vol.27, nos.1-2, 1988, p.3-14. ［初出］ *Relevance of Ranganathan's contributions to library science*. T.S. Rajagopalan, ed. New Delhi, Vikas Publishing House, 1988, p.54-73.

[58]　Ranganathan, S.R. *Prolegomena to library classification*. 3rd ed. London, Asia Publishing House, 1967, p.327-328.

[59]　前掲 [57], p.7-8.

[60]　前掲 [47], p.21.

[61]　ヴィゴツキー『思考と言語』（上・下）柴田義松訳. 東京, 明治図書出版, 1962, 2冊.

[62]　前掲 [34], p.20.

[63]　川村敬一「ランガナータンの遺産—英国技術索引における分類の諸原理」『日本図書館情報学会誌』vol.63, no.1, 2017, p.20-36.

[64]　山田常雄「分類・図書館・情報検索」『薬学図書館』vol.28, no4, 1983, p.245-248.

[65] Coates, E.J. "Aims and methods of the British Technology Index". *Indexer*, vol.3, no.4, 1963, p.146-152. ［再録］ *Indexers on indexing: a selection of articles published in The Indexer*. Leonard Montague Harrod, ed. New York/London, Bowker, 1978, p.240-246.

[66] 前掲 [46], p.3.

[67] 前掲 [64], p.245.

[68] 前掲 [47], p.17-20.

[69] *Facets of knowledge organization: Proceedings of the ISKO UK Second Biennial Conference, 4th - 5th July 2011, London.* Alan Gilchrist and Judi Vernau, eds. Bingley, Emerald, 2012, 416p. Another title on the frontispiece page: *Facets of knowledge organization: a tribute to Professor Brian Vickery 1918-2009.*

[70] Coates, E.J. "The role of classification in information retrieval: action and thought in the contribution of Brian Vickery". *Journal of Documentation*, vol.44, no.3, 1988, p.216-225. ［再録］ 前掲 [69], p.191-202.

[71] McIlwaine, I.C. "Brian Vickery, 11th September 1918 - 17th October 2009". *Knowledge Organization*, vol.37, no.3, 2010, p.155-156.

[72] Vickery, Brian. *A long search for information.* Champaign, IL, Graduate School of Library and Information Science, University of Illinois at Urbana-Champaign, 2004, 33p. An autobiography of the author. ［再録］ 前掲 [69], p.145-174.

[73] Vickery, Brian and I.C. McIlwaine. "Structuring and switching: a discussion of the Broad System of Ordering". *International Forum on Information and Documentation*, vol.4, no.3, 1979, p.13-15.

[74] Coates, E.J., G.A. Lloyd, D. Simandl and J.E. Linford. *BSO Referral Test: Panel's report 1983.* Published by FID/BSO Panel for FID and Unesco, 1985, 27p. and appendices. (FID publication, 635).

[75] Vickery, Brian C. and Alina Vickery. *Information science in theory and practice.* London, Butterworths, 1987, 384p. ［和訳］ 『情報学の理論と実際』津田良成, 上田修一監訳. 東京, 勁草書房, 1995, 540p.

[76] Broughton, Vanda. "In Memoriam: Brian Vickery, September 11, 1918 - October 17, 2009". *Cataloging & Classification Quarterly*, vol.49, no.1, 2011, p.42-46.

[77]　Vickery, Alina, H.M. Brooks, B.A. Robinson and Brian C. Vickery. *Expert system for referral. Final report of the first phase of the project*. London, University of London Central Information Service, 1986, 134p. (BLRD report, 5924).

[78]　Vickery, Alina, H.M. Brooks, B.A. Robinson, J. Stephens and Brian C. Vickery. *Expert system for referral*. London, British Library, 1988, 233p. (Library and Information Research Report, 66).

[79]　Hyams, Peter. "Tome Searcher: a launch to make online history?" *Information World Review*, no.21, December 1987, p.5 and 27. Newspaper article containing a photograph of Managing Director and Commercial Director of Tome Associates Ltd.

[80]　Vickery, A. "The experience of building expert search systems". *Online information 1988: 12th International Online Meeting: London, 6-8 December 1988*. Vol.1. Oxford, Learned Information, 1989, p.301-313.

[81]　横山潔, 村上秀憲, 深澤信之「情報検索用エキスパートシステム」『情報管理』vol.32, no.3, 1989, p.223-234.

[82]　Vickery, Brian C. *Intelligent interfaces for user-friendly access to databases and electronic information services: A state-of-the-art review*. Report submitted to the Commission of the European Communities, 1989, 1v.

[83]　Vickery, Brian and Alina Vickery. "Intelligence and information systems". *Journal of Information Science*, vol.16, no.1, 1990, p.65-70.

[84]　Vickery, Brian. "Classificatory principles in intelligent interfaces". *Tools for knowledge organization and the human interface: Proceedings of the 1st International ISKO-Conference, Darmstadt, 14-17 August, 1990*. Vol.1, Robert Fugmann, ed. Frankfurt am Main, Indeks Verlag, 1990, p.14-20.

[85]　Vickery, B.C. "Classification and computer interface". *Bliss Classification Bulletin*, no.33, 1991, p.8-10.

[86]　Vickery, Brian C. "Intelligent interfaces to online databases". *Artificial intelligence and expert systems: Will they change the library?* F.W. Lancaster and Linda C. Smith, eds. Urbana-Champaign, IL, Graduate School of Library and Information Science, University of Illinois at Urbana-Champaign, 1992, p.239-253.

[87]　Vickery, Brian and Alina Vickery. "An application of language processing for a search interface". *Journal of Documentation*, vol.48, no.3, 1992, p.255-275.

[88] Vickery, Brian. "Categories and classes in search interfaces". *Libraries and information services: Studies in honour of Douglas Foskett*. Michael Humby, ed. London, University of London, Institute of Education Library, 1993, p.21-31. (*Education Libraries Journal. Supplement*, 25).

[89] Vickery, Brian and Alina Vickery. "Online search interface design". *Journal of Documentation*, vol.49, no.2, 1993, p.103-187.

[90] 前掲 [84], p.15-16.

[91] 前掲 [87].

[92] 前掲 [72], p.26 and 31.

[93] 前掲 [85], p.9.

[94] 前掲 [64], p.246.

[95] Fugmann, Robert. "Review of [8]". *Library Quarterly*, vol.69, no.3, 1999, p.382-385.

[96] 前掲 [85], p.10.

[97] 前掲 [47], p.20.

[98] 前掲 [39], p.547.

[99] "Special issue to celebrate the founding of the Institute of Information Scientists". *Journal of Information Science*, vol.34, no.4, 2008, p.395-631. ［再録］*Information science in transition*. Alan Gilchrist, ed. London, Facet Publishing, 2009, 401p.

[100] Meadows, Jack. "Fifty years of UK research in information science". 前掲 [99], p.403-414. ［再録］前掲 [99]の再録, p.1-21.

[101] Vickery, Brian. "Guest editorial: Meeting the challenge". 前掲 [99], p.397-401. ［再録］前掲 [99]の再録, p.xxi-xxix. ［再々録］前掲 [69], p.215-222.

[102] Bawden, David. "Editorial: Brian Vickery and the uneasy information scientists". *Journal of Documentation*, vol.66, no.3, 2010, p.305-306.

[103] 前掲 [13], p.33.

[104] 前掲 [11], p.108.

[105] East, Harry and Ambar Adams. "Vickery, B.C. - Bibliography". *Journal of Documentation*, vol.44, no.3, 1988, p.205-215. ［改訂版］"B.C. Vickery: Bibliography". 前掲 [69], p.223-235.

[106] Coates, E.J. "Preface to 1988 reissue". 前掲 [34], no pagination.

[107] 前掲 [57], p.5.

[108] 前掲 [70], p.221.

[109] 前掲 [106].

[110] Bacalarski, Mary Cecilia. "Vygotsky's developmental theories and the adulthood of computer mediated communication: a comparison and an illumination". *Journal of Russian and East European Psychology: Journal of Translations*, vol.34, no.1, 1996, p.57-63.

[111] 前掲 [70], p.221-222.

[112] Austin, D. "Citation order and linguistic structure". *The variety of librarianship: Essays in honour of John Wallace Metcalfe*. W. Boyd Rayward, ed. Sydney, Library Association of Australia, 1976, p.19-46.

[113] Hutchins, W.J. *Languages of indexing and classification: a linguistic study of structures and functions*. Stevenage, Hertfordshire, Peter Peregrinus, 1975, p.81.

[114] 前掲 [46], p.6.

[115] 前掲 [47], p.20-22.

[116] 前掲 [46], p.9-10.

[117] Ranganathan, S.R. "Colon Classification and its approach to documentation". *Bibliographic organization: Papers presented before the Fifteenth Annual Conference of the Graduate Library School, July 24-29, 1950*. Jesse H. Shera and Margaret E. Eagan, eds. Chicago, University of Chicago Press, 1951, p.94-105.

[118] 前掲 [65], p.149.

[119] Bliss, Henry Evelyn. *The organization of knowledge in libraries and the subject-approach to books*. 2nd ed. revised and partly rewritten. New York, H.W. Wilson, 1939, p.x and passim.

[120] 前掲 [54], p.41-42.

[121] 前掲 [47], p.22

[122] Mills, J. "Classification for retrieval." *Proceedings of the 1998 Conference on the History and Heritage of Science Information Systems*. Mary Ellen Bowden et al., eds. Medford, NJ, Information Today, 1999, p.275. Previously available online in: *Pioneers of Information Science: Scrapbook*. <http://www.libsci.sc.edu/bob/ISP/scrapbook.htm>. Now in Internet Archive: <https://web.archive.org/web/20070120180941/http://www.libsci.sc.edu/Bob/ISP/mills2.htm>.

[123] 前掲 [57], p.6.

[124] Fugmann, Robert. "Learning the lessons of the past". *The history and heritage of scientific and technological information systems: Proceedings of the 2002 Conference*. W. Boyd Rayward and Mary Ellen Bowden, eds. Medford, NJ, Information Today, 2004, p.168-181.

[125] 前掲 [30].

[126] 前掲 [76].

[127] Broughton, Vanda, Paul Coates and Keiichi Kawamura. "Eric Coates". *Information Professional*, June 2018, p.54.

著者あとがき

　本書の原稿は雑誌投稿論文として 2020 年 1 月下旬に完成した。1957 年から現在までの約 60 年間にわたり，CRG の活動を中心にファセット分類法の歴史・理論・実務について，さながら三重らせんを編むがごとくテーマに沿って論述を進めた。このため分量が規定の 2 倍になってしまい，2 回に分けての連載の可否について事前に打診したが，規定の壁は厚く査読には至らず，門前払いの苦汁を嘗めた。

　テーマを共有する多くの方々にご高覧いただきたいとの一心で，1991 年発足の TP&D フォーラム（整理技術情報管理等研究集会）の仲間たちにメーリングリストを使って相談したところ，心温まる助言が次々と寄せられた。

　その中で主題文献精読会の会員からブックレットとして編集・刊行したいとの申し出があった。それは著者の本来の意向（1 回で夏までに刊行）からすればまさに渡りに船であった。同精読会の鈴木学氏（日本女子大学図書館）と藤倉恵一氏（文教大学越谷図書館）は原稿に丹念に目を通してくださり，そのうえで雑誌投稿論文を図書として出版するための諸条件について助言をくださった。そして図書の体裁に仕上げるべく，共同作成の索引をくわえた編集の労まで執ってくださった。

　2 月下旬に同精読会より印刷製本および流通販売の件に関して相談を受けたのが株式会社樹村房である。同社の大塚栄一社長は上記フォーラムに出席されていることもあり，テーマの重要性を即座に見て取り，出版を快諾してくださった。そして編集部の石村早紀氏は既定の出版事業が立て込んでいるにもかかわらず，6 月中旬に引き継いだ編集原稿に最終調整をほどこしたうえで立派な図書に仕上げてくださった。

　過分のお力添えをいただいた上述の皆様には筆舌に尽くし難い感謝の念がある。

本書刊行の背景

　山田常雄訳によるジャック・ミルズの『現代図書館分類法概論』が日本図書館研究会より刊行されたのは，1982年3月のことであった。原著の刊行は1960年であったが，その理論の斬新さに感銘して熟読を繰り返したことを，私は覚えている。

　それまでは日本十進分類法（NDC）とデューイ・十進分類法（DDC）しか知らなかった私は，この図書によって国際十進分類法（UDC），アメリカ議会図書館分類法（LCC），ブラウン・件名分類法（SC），ランガナータン・コロン分類法（CC），ブリス・書誌分類法（BC）など，多様な分類法が世界には存在することを知った。特に，ランガナータン・コロン分類法（CC）は，ファセット分析という革新的な主題分析法に基づく分類法であることを知った。

　『現代図書館分類法概論』を読了後の1986年に，私はジャック・ミルズとヴァンダ・ブロートンが手掛けるファセット分類法，すなわちブリス書誌分類法第2版（BC2）の「序説と補助表」が1977年に刊行されていることを知り，BC2の序説を熟読し，その卓越性を検証し続けた。

　加えて，川村敬一氏からは，ファセット分析理論に基づいた分類法である簡略一般分類法（BSO）について，その存在を知らされた。早速，機械可読版を入手して内部構造を検証した。

　2006年3月に，図書館分類法と主題組織化に関心を抱く仲間とともに，「主題文献精読会」と命名した研究会を立ち上げた。研究会はほぼ毎月1回の割で会合を開き，14年が経過した2020年2月には135回を数え，現在も継続中である。これまで課題とした精読文献を列挙すると以下のようになる。

(1) Vanda Broughton. *Essential classification* (Facet Publishing, 2004).

(2) Vanda Broughton. *Essential thesaurus construction* (Facet Publishing, 2006).

(3) G.G. Chowdhury and Sudatta Chowdhury. *Organizing information: from the shelf to the web* (Facet Publishing, 2007).

(4) Vanda Broughton. *Essential Library of Congress Subject Headings* (Facet Publishing, 2012).

(5) Vanda Broughton. *Essential classification*, 2nd edition (Facet Publishing, 2015).

(6) Vanda Broughton. *Facet analysis* (Facet Publishing, 2019).

【(5) は現在進行中であり，(6) は次期課題図書である。】

　この度『主題検索の現状理解と今後の方向性について —1957 年のドーキング会議に参加した分類学者たちが指示したこと』と題する川村敬一氏の論考を，主題文献精読会がブックレットとして編集・刊行することになった。

　論考は過去 60 年間にわたるファセット分類法の歴史・理論・実務について簡潔な記述を行い，明快な結論を示しているが，私が注目したのは著者が分類の衰退について語る次の個所である。

　「問題の根源は分類の理論と実際の間のギャップにある。換言すれば，完全にファセット化された新しい分類法，特にこれまでの理論的成果を一身に具現した一般分類法が存在しなかったことが大きい。このギャップを埋めたのが BC2 と BSO であるが，その存在すら良く知られていないことが，分類衰退の何よりの証左である。」(36 頁)

　そして論考の総括において次のように語る。

　「20 世紀前半における図書館分類法の二大巨匠はブリスとランガナータンであった。ブリスは分野間の関係と記号法の研究で，ランガナータンは分野内の概念間の関係の研究で，長足の進歩をもたらした。それぞれの研究成果を具現した体系が BC と CC であった。

　20 世紀後半は 1957 年のドーキング会議を起点に，英国の CRG が既存の分類法の不備を踏まえ，戦後の分類法研究の理論的成果のすべてを具現すべく，ファセット化された新しい一般分類法の開発を最大の目標とした。その結実が BC2（進行中）と BSO である。」(60 頁)

　川村敬一氏は，主題組織化と主題検索の両面において，分類法，特にファセット化された一般分類法の重要性を語り，その具現化である BC2 と BSO の有効性の検証，あるいは再検証を，私たちに迫っている。

主題文献精読会　代表　光富　健一

索　引

対象範囲は序論・本文・結論・謝辞（跋文を除く）

→　　（を見よ）

SA　（をも見よ）

[著者紹介]

川村敬一（かわむら・けいいち）

1948　青森市に生まれる
1976　図書館短期大学別科修了
職歴　元獨協医科大学
　　　英国 BSO 委員会編集顧問などを兼任
学位　博士（創造都市）大阪市立大学
近著　"Eric Coates". *ISKO Encyclopedia of Knowledge Organization*, 2018
　　　"In Memoriam: Eric Coates, 1916-2017". *Knowledge Organization*, 45(2) 2018
　　　"Bibliography of published works by Eric James Coates". *Knowledge Organization*, 45(2)2018
　　　Bibliography of the British Technology Index. Tokyo, Jusonbo, 2015
　　　『BSO, あるいは CRG の新一般分類表 — 仮説と論証』博士論文 , 2013
　　　BSO - Broad System of Ordering: an international bibliography. Tucson, University of Arizona Campus Repository, 2011 ほか
受賞　第 21 回図書館サポートフォーラム賞（2019）

[主題文献精読会について]

　　主題文献精読会は，光富健一，鈴木学を発起人として 2006 年 3 月に活動を開始いたしました。図書館における分類，件名，シソーラスといったインデクシング理論の研究をしています。メンバーはテーマに興味がある図書館員（元も含む）や教員などから構成されています。活動は月に一度例会を開催して関連文献の読み解きと内容についての意見交換をしています。

　　成果物の作成をゴールとせず，メンバーそれぞれの「勉強の場」として，お互いに刺激しあいながら高めあう会となっています。

主題検索の現状理解と今後の方向性について

1957年のドーキング会議に参加した分類学者たちが指示したこと

2020年 7 月31日　初版第 1 刷発行

〈検印省略〉

著　者 ⓒ　川 村 敬 一
編 集 者　　主題文献精読会
発 行 者　　大 塚 栄 一

発 行 所　株式会社　樹 村 房
　　　　　　　　　　　 JUSONBO

〒112-0002
東京都文京区小石川5-11-7
電　話　　03-3868-7321
ＦＡＸ　　03-6801-5202
振　替　　00190-3-93169
http://www.jusonbo.co.jp/

DTP・デザイン／藤倉恵一
印刷・製本／亜細亜印刷株式会社

ISBN978-4-88367-345-2
乱丁・落丁本は小社にてお取り替えいたします。

Bibliography of the British Technology Index

Compiled by
Keiichi Kawamura, PhD

●内容説明● -

　本書は英国図書館協会が 1962 年に創刊した月刊の英国技術索引（British Technology Index: BTI）に関する英文書誌である。収録文献は 1958 年から現在までの約 320 件で，BTI に関する研究論文や報告書のほか，書評，レター，ニュース記事などを網羅している。

　収録文献の記入項目は正確な書誌データと内容分析による詳細な英文抄録からなる。項目は分類順に配列され，これを項目間の相互参照，著者索引，言語索引が補足している。巻末の付録は，BTI の初代編集長で索引システムの考案者でもあるエリック・コーツ（Eric James Coates, 1916-2017）の著作タイトルの年代順リストである。

　コーツは主題索引の天才（the genius of subject indexing）の異名をとり，英米加豪の索引家協会（The Society of Indexers）は BTI を索引の傑作（the indexing masterpiece）とたたえ，その原理を学ぶように推奨している。本書は索引誌 BTI の全容と書誌サービスにおける最高水準の索引法の理解に資する世界に先駆けた英文書誌である。

　なお，抄録つき分類順配列の本書は，文献調査のためのツールにくわえ，目次を見て概略をつかんだら，本文を物語としても通読できる。

A4判／123頁　本体3,000円＋税　ISBN978-4-88367-250-9

〒112-0002　東京都文京区小石川5-11-7　樹村房　TEL：03-3868-7321　FAX：03-6801-5202
URL：http://www.jusonbo.co.jp/　E-mail：webinfo@jusonbo.co.jp